Como organizar e administrar uma COOPERATIVA

COLEÇÃO FGV PRÁTICA

Como organizar e administrar uma COOPERATIVA

UMA ALTERNATIVA PARA O DESEMPREGO

Helnon de Oliveira Crúzio

3ª edição

FGV EDITORA

ISBN — 85-225-0303-6

Direitos desta edição reservados à
EDITORA FGV
Praia de Botafogo, 190 — 14º andar
22253-900 — Rio de Janeiro — Brasil
Tel.: 0-XX-21-2559-5543 — Fax: 0-XX-21-2559-5532
e-mail: editora@fgv.br
http://www.fgv.br/editora

Impresso no Brasil / *Printed in Brazil*

1ª edição — 2000
2ª edição — 2001
3ª edição — 2002

Revisão de originais: Maria Lucia Leão Velloso de Magalhães
Editoração eletrônica: Jayr Ferreira Vaz e Simone Ranna
Revisão: Aleidis de Beltran e Fatima Caroni

Capa: Tira linhas studio

Ficha catalográfica elaborada pela Biblioteca
Mario Henrique Simonsen/FGV

Crúzio, Helnon de Oliveira, 1956-
Como organizar e administrar uma cooperativa: uma alternativa para o desemprego / Helnon de Oliveira Crúzio — 3ª ed. — Rio de Janeiro : Editora FGV, 2002.
156p. — (Coleção FGV Prática)

Inclui bibliografia.

1. Cooperativas — Administração. I. Fundação Getulio Vargas. II. Título. III. Série.

CDD-334

Sumário

Apresentação

As *organizações cooperativas* no Brasil nunca estiveram em tanta evidência quanto agora, seja as cooperativas de serviços, habitacionais, educacionais, de serviços médicos, de produtores rurais, de estivadores, de segurança, de transporte urbano etc. Conforme dados da Organização das Cooperativas Brasileiras (OCB), metade dos 227 mil cooperados cadastrados é constituída de profissionais da área de serviços em geral, de técnicos em informática, gerentes, executivos, entre outros.

Essa atenção dispensada às cooperativas é motivada pelas relações de trabalho descomplicadas e pelos excelentes resultados econômicos que podem oferecer a seus associados:

Entende-se por cooperativa uma *união de pessoas, cujas necessidades individuais de trabalho, de comercialização ou de prestação de serviços em grupo, e respectivos interesses sociais, políticos e econômicos, fundem-se nos objetivos coletivos da associação.*

A principal diferença entre uma cooperativa e uma empresa comum é a forma de decidir sobre os fins da organização. Na empresa, quanto mais capital individual é investido, mais influência pessoal se tem sobre o que, como e quanto produzir. Já na cooperativa, decide-se com base no princípio *um homem um voto*, ou melhor, em *Assembléia Geral dos Sócios*, todos tendo o mesmo poder, independentemente dos investimentos de cada um.

Vale observar que o sucesso organizacional e econômico de todo e qualquer tipo de cooperativa depende, em primeiro lugar, de como se dá sua organização, isto é, do envolvimento de todos os seus integrantes, desde a constituição da *Assembléia Geral dos Sócios* até a formação tanto do *Conselho Fiscal* quanto do *Conselho de Administração*. Depende ainda da qualidade de sua administração, da dedicação profissional necessária para fazer render cada vez mais os recursos dos associados, para tornar a cooperativa tão competitiva quanto uma empresa comum, especialmente no que se refere à concorrência comercial com terceiros.

Este livro tem por objetivo mostrar aos leitores as vantagens organizacionais decorrentes das relações de trabalho próprias das cooperativas, assim como as vantagens econômicas e financeiras geradas pelas transações comerciais com terceiros. Também pretende mostrar como organizar uma cooperativa de forma segura, para que esta permaneça competitiva no mercado, e como gerenciar os recursos de seus associados de modo rentável. Tudo isso será explicado numa linguagem o menos técnica possível, citando-se vários exemplos de problemas organizacionais e administrativos das cooperativas agropecuárias e agroindustriais brasileiras, e mostrando-se como evitá-los.

Para tanto, o livro está dividido em duas partes: a primeira *conceitua a organização da cooperativa e os meios de constituí-la*. A segunda trata das *técnicas administrativas* apropriadas *para o gerenciamento das cooperativas*. Ao final, há também um apêndice com um modelo de *Estatuto Social* desenvolvido a partir dos problemas das cooperativas agropecuárias e agroindustriais.

Na parte I, referente à *organização de cooperativas*, são esclarecidas para o leitor a formação e a doutrina das cooperativas, detalhando-se os seguintes assuntos:

- os *princípios básicos do cooperativismo* e os possíveis problemas decorrentes da pouca importância atribuída a eles, principalmente no que se refere a sua aplicação correta, considerando-se a admissão de sócios em relação aos objetivos da cooperativa; a forma de administrar o capital social, o Fundo de Reserva e o Fundo de Assistência Técnica, Educacional e Social (Fates); a forma de decidir sobre a distribuição das sobras líquidas etc.;
- a formação dos *órgãos básicos de uma cooperativa*, iniciando-se pela Assembléia Geral dos Sócios, pelo Conselho Fiscal e pelo Conselho de Administração, suas funções e os prováveis problemas decorrentes do descumprimento das funções, e respectivas alternativas;
- os *direitos e deveres dos associados da cooperativa*, e os problemas criados pelo desconhecimento e pela prática no dia-a-dia das operações ou atividades de cada associado na cooperativa;
- a formação da *primeira Assembléia Geral dos Sócios*, a Ata, o registro da cooperativa nos órgãos oficiais, os possíveis problemas de formação da associação e como evitá-los a partir de um estatuto social bem-feito;
- a *representação dos órgãos no organograma da cooperativa*, explicando-se o significado das relações de poder entre a Assembléia Geral dos Sócios, o

Conselho Fiscal e o Conselho de Administração, assim como entre os órgãos compostos por profissionais contratados; os problemas gerados pela quebra de hierarquia e como evitá-los conscientizando os associados, principalmente com relação ao significado e à prática da *autogestão*.

Na parte II, referente à *administração de cooperativas*, são esclarecidos ao leitor as formas e os meios de *gerenciamento*, detalhando-se os seguintes assuntos:

- a expansão das atividades ou operações gerais da cooperativa, sem comprometer financeira e economicamente a sua atividade principal;
- a divisão do trabalho, identificando-se tarefas, funções, cargos e órgãos, tudo de acordo com as necessidades de expansão das atividades ou operações gerais da cooperativa;
- o planejamento operacional e econômico da cooperativa, envolvendo as áreas financeira, produtiva, comercial e de pessoal;
- as formas e os meios administrativos para a participação dos associados na Assembléia Geral dos Sócios, no que diz respeito tanto à elaboração das decisões da direção no Conselho de Administração, quanto ao controle fiscal do Conselho Fiscal;
- esclarecimentos gerais sobre os órgãos oficiais e autorizados para o registro das cooperativas;
- documentos e taxas necessários ao registro de uma cooperativa;
- esclarecimentos gerais sobre a isenção das cooperativas no que diz respeito ao imposto de renda;
- condições para a remuneração dos dirigentes da cooperativa;
- informações adicionais sobre a legislação cooperativista e onde encontrá-la, isto é, a Lei nº 5.764/71, que define a Política Nacional do Cooperativismo, e as leis complementares que regulam as operações das cooperativas de trabalho ou de serviços.

No apêndice encontram-se:

- um modelo de *Estatuto Social*, adaptado e preparado para evitar os problemas organizacionais e administrativos típicos das cooperativas agropecuárias e agroindustriais brasileiras;
- um modelo de *edital de convocação* da primeira reunião da Assembléia Geral dos Sócios e respectiva *Ata de constituição da associação*.

PARTE I

Organização de cooperativas

CAPÍTULO 1

Conceito de cooperativa

De acordo com a Lei nº 5.764/71, que define a Política Nacional do Cooperativismo e institui o sistema jurídico das sociedades cooperativas:

> "Cooperativas são sociedades de pessoas, com forma e natureza jurídica próprias, de natureza civil, não sujeitas a falência, constituídas para prestar serviços aos associados."

Em outras palavras, *cooperativa* é a união de trabalhadores ou profissionais diversos, que se associam por iniciativa própria, sendo livre o ingresso de pessoas, desde que os interesses individuais em produzir, comercializar ou prestar um serviço não sejam conflitantes com os objetivos gerais da cooperativa.

EXEMPLO

Suponha um grupo de trabalhadores de baixa renda que se juntam na forma de cooperativa para construir suas próprias residências. Neste caso, o principal objetivo comercial da associação pode ser a compra de materiais de construção em grande quantidade, visando a negociar os melhores preços e formas de pagamentos junto aos fornecedores, assim como as melhores formas de repasse aos associados, o que não seria possível se cada um, isoladamente, adquirisse seus próprios materiais de construção nas grandes redes de lojas.

Tipos de cooperativas

Cooperativas de serviços comunitários. São formadas por grupos de trabalhadores ou profissionais ligados a uma empresa qualquer, objetivando prestar serviços de limpeza, transporte urbano, telefonia, eletrificação rural etc.

Cooperativas de consumo. São formadas por pessoas físicas, objetivando a compra e venda de bens de consumo duráveis e/ou de primeira necessidade.

Cooperativas de trabalho. São formadas por profissionais como faxineiros, estivadores, seguranças, técnicos diversos etc., objetivando a intermediação dos trabalhos ofertados pelos profissionais associados, a partir de contratos temporários, junto às empresas tomadoras de seus serviços gerais.

Cooperativas agropecuárias e agroindustriais. São formadas por produtores que atuam no campo, objetivando a comercialização da produção de seus associados, o beneficiamento e a revenda diretamente ao mercado consumidor.

Cooperativas de mineração. São formadas por mineradores, objetivando compartilhar materiais e equipamentos de mineração ou a prestação de serviços de mineração a determinadas empresas de mineração.

Cooperativas habitacionais. São formadas por pessoas físicas, objetivando a construção de residências para uso próprio, bem como a compra de terrenos, materiais e equipamentos de construção por melhores preços e condições de pagamento do que os oferecidos pelo mercado.

Cooperativas de produção. São formadas por indústrias ou empresas, objetivando unir fabricantes de bens como eletrodomésticos, móveis, tecidos etc.

Cooperativas educacionais. São formadas por pais de alunos, objetivando a oferta de serviço educacional básico a seus filhos, bem como o rateio das despesas referentes a contratação de educadores, construção e manutenção de infra-estrutura física e material etc.

Cooperativas de crédito. São formadas por poupadores ou tomadores de recursos financeiros, objetivando a obtenção de crédito para seus associados a juros, prazos etc. em condições melhores do que as oferecidas pelo mercado.

Cooperativas especiais. São formadas por pessoas que precisam ser tuteladas, como crianças que estão cursando escolas de primeiro grau.

Classificação das cooperativas

Cooperativas singulares. São criadas para prestar serviços diretamente aos associados e atender a um único objetivo econômico, político ou social.

EXEMPLO

Uma cooperativa formada por trabalhadores ou profissionais que visa apenas à compra de bens de produção ou de consumo em grande quantidade e o repasse aos associados a preços e prazos melhores do que os oferecidos pelas grandes redes de lojas comerciais.

Cooperativas centrais e federações. São criadas para organizar, em comum e em maior escala, diversos serviços de no mínimo três cooperativas singulares filiadas, orientando e integrando suas atividades.

EXEMPLO

Três cooperativas formadas por pequenos comerciantes de materiais de construção, visando à compra e à venda desses materiais, localizadas em três bairros ou municípios, integradas e orientadas por uma cooperativa central, também voltada para o setor de materiais de construção.

Cooperativas confederações. São criadas para organizar, em comum e em maior escala, diversos serviços de no mínimo três cooperativas centrais ou federações, orientando e integrando suas atividades.

EXEMPLO

Três cooperativas centrais ou federações, constituídas por diversas cooperativas singulares formadas por pequenos comerciantes de materiais de construção, localizadas em três estados, integradas e orientadas por uma confederação de cooperativas, também voltada para o setor de materiais de construção.

Cooperativas mistas. São criadas para prestar serviços diretamente aos associados e atender a mais de um objetivo econômico, político ou social.

EXEMPLO

Uma cooperativa formada por trabalhadores ou profissionais que visa à compra de bens de produção ou de consumo em grande quantidade e o repasse aos associados a preços e prazos melhores do que os oferecidos pelas grandes redes de lojas, e ainda mantém uma seção de crédito em suas próprias dependências, para financiar a produção do agricultor.

CAPÍTULO 2

Características das organizações cooperativas

As cooperativas diferem das empresas comuns em muitos aspectos, isto porque têm características que lhes são próprias. As cooperativas:

- permitem o livre ingresso de pessoas, desde que o objetivo individual do interessado não conflite com os objetivos do grupo;
- propiciam a variabilidade do *capital social*, representado por *quotas-partes*. Cada associado pode adquirir um número mínimo determinado de quotas-partes, e a soma de todas as quotas-partes constitui o capital social da cooperativa;
- possibilitam ao associado se desligar a qualquer momento, desde que esteja em dia com suas obrigações para com a associação;
- tornam indisponível as quotas-partes para terceiros ou pessoas estranhas à cooperativa;
- impedem a transferência de quotas-partes a terceiros, tornando-as bens da família do associado, mesmo no caso de este vir a falecer;
- asseguram a cada associado o direito de votar nas reuniões da Assembléia Geral dos Sócios, independentemente das condições econômicas, políticas e sociais de cada um. A exceção são as cooperativas de crédito, nas quais o voto é determinado pelo critério da proporcionalidade, conforme o número de associados da cooperativa;
- distribuem as sobras líquidas ou lucros líquidos do exercício proporcionalmente às operações realizadas pelos associados, salvo decisão contrária da Assembléia Geral dos Sócios;
- constituem um Fundo de Reserva para cobrir possíveis perdas econômicas;
- constituem um Fundo de Assistência Técnica, Educacional e Social (Fates), destinado à educação dos associados e de seus familiares.

Garantias organizacionais das cooperativas

As cooperativas têm direitos adquiridos perante instituições públicas e privadas. São eles:

- ter suas operações amparadas pelo Código Civil Brasileiro, conforme dispõe a Lei nº 5.764/71, que regulamenta a finalidade da associação de gerar renda para os próprios associados;
- desobrigar o trabalhador ou profissional associado de qualquer tipo de contribuição sindical, pelo fato de a natureza organizacional cooperativa ter caráter civil;
- permitir que o associado contribua para a previdência social como pessoa física, conforme o art. 6º do Decreto nº 611/92, da Regulamentação da Contribuição Previdenciária de Autônomos;
- condicionar o número de sócios da cooperativa às capacidades física e técnica desta para atender a seus associados, sendo obrigatório, conforme a Lei nº 5.764/71, um número mínimo de 20 sócios;
- dividir a responsabilidade geral pelos bens da cooperativa entre todos os associados, ao invés de decretar a falência da associação;
- desobrigar a associação do recolhimento do imposto de renda, desde que a relação operacional ou atividade se dê exclusivamente entre a cooperativa e o associado, conforme as condições comerciais previstas na Lei nº 5.764/71;
- assegurar a não-interferência do poder de Estado ou de outro tipo de instituição na administração interna da cooperativa, conforme o art. 5º da Constituição Federal;
- dissolver a cooperativa quando o número mínimo de 20 associados não se dispor a manter o valor mínimo do capital social exigido na Lei nº 5.764/71;
- proibir a divisão do capital social e dos fundos da cooperativa entre associados, terceiros etc., mesmo em caso de liquidação da sociedade;
- permitir a transferência, total ou parcial, das quotas-partes entre os associados, mediante consentimento por escrito do cedente e do cessionário;
- operar com não-associados ou sociedades não-cooperativas, desde que dentro dos limites estabelecidos nos arts. 85, 86 e 87 da Lei nº 5.764/71.

Obrigações organizacionais das cooperativas para com os associados

Assim como têm direitos, as cooperativas têm também deveres. Vejamos quais são as obrigações das cooperativas para com seus associados:

- responsabilizar o associado para com terceiro até o limite da quota-parte por ele adquirida ou subscrita do capital social da cooperativa, exceto nos casos que não constem do art. 1º do Estatuto Social, quando então se presume a responsabilidade ilimitada, pessoal e solidária de todos os sócios;
- tratar todos os sócios de igual maneira, evitando qualquer tipo de benefícios extras ou vantagens financeiras, a não ser os juros máximos de 12% ao ano sobre o capital social, como dispõe a Lei nº 5.764/71;
- remunerar o associado conforme o volume da produção por ele entregue à cooperativa, ou intermediar a remuneração entre terceiros e o associado, conforme os serviços prestados ao tomador de serviços da cooperativa;
- desobrigar o associado de qualquer vínculo empregatício com a cooperativa, conforme o parágrafo único, art. 442, da Consolidação das Leis do Trabalho (CLT);
- registrar no livro de matrícula a quantidade de quotas-partes adquiridas por cada associado, indicando que este é proprietário de parte da associação;
- constituir um Fundo de Reserva, de valor correspondente a 30% das sobras líquidas ou lucros líquidos, destinado a cobrir perdas e danos, assim como a atender ao desenvolvimento da associação;
- constituir um Fundo de Assistência Técnica, Educacional e Social (Fates), com valor correspondente a 10% das sobras líquidas ou lucros líquidos, destinado à prestação de assistência a associados, seus familiares e possíveis empregados contratados;
- recolher alíquota de 15% ao INSS, conforme as importâncias pagas ou creditadas aos associados por terceiros e a distribuição das sobras líquidas ou lucros líquidos;
- assegurar aos associados os resultados financeiros e os benefícios econômicos decorrentes das operações por eles realizadas com a cooperativa e com terceiros, registrando as transações comerciais em livros especiais e de acordo com a Lei nº 5.764/71;

- pagar juros máximos de 12% ao ano sobre o valor das quotas-partes de cada associado, conforme as normas de integralização previstas no Estatuto Social da cooperativa e a disponibilidade das sobras líquidas ou lucros líquidos;
- optar pelo capital social rotativo na cooperativa, fixando o modo de formá-lo e as condições para sua retirada no prazo estabelecido ou em casos de demissão, eliminação ou exclusão do associado;
- aplicar aos associados eleitos dirigentes, no Conselho de Administração, o regime do Fundo de Garantia por Tempo de Serviço (FGTS), conforme a Lei nº 5.764/71.

CAPÍTULO 3

Vantagens organizacionais das cooperativas referentes a relações de trabalho

No que diz respeito às relações trabalhistas as cooperativas oferecem a seus associados muitas vantagens, quais sejam:

- eliminam a relação empregado-empregador, uma vez que o associado é o próprio dono da associação;
- substituem a figura do intermediário, pois fazem a ligação entre o tomador do serviço e o associado;
- eliminam a figura do atravessador, uma vez que o associado produz e, ele mesmo, vende sua produção diretamente ao mercado consumidor;
- permitem que os próprios associados exerçam a direção e a fiscalização da cooperativa;
- representam coletivamente os interesses e/ou as necessidades de todos os associados, considerando-se os objetivos de produção, comercialização ou prestação de serviços para fornecedores, consumidores, governos, comunidades locais etc.;
- negociam melhores preços, prazos e formas de pagamentos junto a fornecedores, mediante compras em grande quantidade, e reduzem os custos unitários da produção ou aqueles decorrentes da prestação de serviços para terceiros;
- formam uma central ou federação de cooperativas, a partir da união de pequenas cooperativas singulares de mesma produção ou do mesmo segmento de trabalho, o que facilita a expansão das operações ou atividades para vários municípios, cidades ou estados;
- garantem direitos iguais a todos os sócios, independentemente das condições econômicas, políticas e sociais de cada um, dentro ou fora da associação;
- possibilitam o desenvolvimento intelectual dos associados e de seus familiares, por meio da instalação de um comitê educativo.

Vantagens econômicas das cooperativas com relação a encargos trabalhistas

No tocante a encargos trabalhistas, as cooperativas proporcionam vantagens econômicas a seus associados. Vejamos quais são essas vantagens, em comparação com as empresas comuns.

Na empresa comum, têm-se as seguintes despesas:

FGTS + Sesi/Sesc + Senai + salário educação + Incra + seguro-acidente + Sebrae + INSS + encargos provisionais + custos de quitação etc.

que correspondem, aproximadamente, a 78% das despesas trabalhistas.

Já na cooperativa, as despesas são as seguintes:

Taxa de administração da cooperativa (pró-labore dos dirigentes) + recolhimentos ao INSS + ISS

que correspondem, aproximadamente, a 40% das despesas trabalhistas.

É fácil perceber que a cooperativa deixa de recolher cerca de 38% de encargos trabalhistas, proporcionando mais vantagens econômicas a seus associados.

Cálculo e distribuição das sobras líquidas (lucro líquido) da cooperativa entre os associados

Suponha uma cooperativa constituída de profissionais sapateiros. O cálculo para a produção de 10 pares de calçados de determinado associado seria:

couro + linha + tinta + horas trabalhadas pelo associado = *custos variáveis* (despesas que variam conforme o volume de pares de calçados produzidos).

despesas com manutenção da máquina de costura + despesas com vigilância noturna das dependências da cooperativa + despesas com IPTU = *custos fixos* (despesas que serão pagas independente do número de calçados produzidos).

portanto,

custos variáveis + custos fixos – total das vendas de calçados de todos os associados = *sobras líquidas* ou lucros líquidos.

Das sobras líquidas ou lucros líquidos são retirados os percentuais previstos na Lei nº 5.764/71, visando à constituição dos fundos da cooperativa e à correção do capital social, a saber: 10% para o Fundo de Reserva; 5% para o Fundo de Assistência Técnica, Educacional e Social (Fates), e 1% para a correção do capital social da cooperativa.

O restante deve ser distribuído entre os associados ou reinvestido na própria expansão da cooperativa, para comprar novas máquinas, aumentar as dependências da cooperativa etc., decisões que devem ser tomadas em reunião da Assembléia Geral dos Sócios.

Cabe, então, a cada associado uma parte das sobras líquidas, ou lucros líquidos, proporcional ao volume de calçados por ele produzido e entregue à cooperativa. Assim, o associado que produziu 10 pares de calçados ganhará mais do que aquele que produziu apenas cinco pares. Conseqüentemente, sua parte no rateio das despesas também é maior.

Uma observação: nas cooperativas de trabalho ou de serviços, tanto o benefício para o associado quanto sua participação nas despesas devem seguir os mesmos critérios, empregando bases de cálculos como: metro quadrado, horas trabalhadas etc.

EXEMPLO

Numa cooperativa que presta serviços de limpeza para terceiros, a parte das sobras líquidas ou lucros líquidos que cabe a cada associado pode ser calculada pelo metro quadrado, isto é, pela área coberta pelo serviço de limpeza do associado. A contribuição do associado nas despesas gerais com a compra de materiais de limpeza etc. deve ser calculada da mesma maneira.

Observações importantes

O simples ato de formar uma cooperativa não significa a obtenção e a garantia de vantagens organizacionais e econômicas para os associados, pois são inúmeros os casos de falsas associações cooperativas. Conforme o órgão oficial da Justiça do Trabalho, das 149 cooperativas abertas nos últimos cinco anos, 90% foram montadas apenas para burlar a legislação trabalhista e baixar os custos dos impostos.

Além disso, o principal objetivo dessas falsas cooperativas é mascarar o vínculo empregatício dos trabalhos terceirizados. Os empregados que se vinculam a cooperativas, principalmente nas áreas de limpeza, construção civil, processamento de dados, transportes etc., se, por um lado, garantem a regularidade na prestação dos serviços às empresas tomadoras no que diz respeito a assiduidade, cumprimento de horário, sujeição à hierarquia interna e pagamento em dia, por outro, não têm qualquer direito a aviso prévio, FGTS e indenização de 40% por dispensa imotivada, férias, 13º salário, abonos legais, contribuição previdenciária e outros direitos decorrentes das relações trabalhistas. Tal situação configura mais uma empresa do que uma cooperativa.[1]

Há casos de falsas cooperativas que nem patrimônio têm. O que há é apenas um empresário desesperado para baixar seus custos numa atividade qualquer e desempregados desesperados para se recolocarem no mercado. São cooperativas tão legalmente frágeis, que, ao primeiro problema financeiro e/ou comercial, logo se desfazem, arcando com o prejuízo aqueles que nelas acreditaram.[2]

Para evitar ingressar nessas falsas cooperativas, o pretendente deve estar a par dos *princípios básicos do cooperativismo*, isto é, os mecanismos organizacionais próprios das verdadeiras cooperativas.

---

[1] *O Estado de S. Paulo* (2000).

[2] *O Estado de S. Paulo* (1999).

CAPÍTULO 4

Princípios básicos do cooperativismo

Conforme a história do cooperativismo,[3] a primeira cooperativa a empregar os *princípios básicos do cooperativismo* foi uma *cooperativa de consumo* oficialmente registrada como Friendly Society. Em 1844, no beco do Sapo, na cidade de Rochdale, Inglaterra, cerca de 32 operários, alfaiates, carpinteiros, trabalhadores braçais etc., demitidos de seus empregos após uma greve fracassada, criaram um armazém para consumo próprio de farinha, azeite, açúcar etc., a fim de garantir a sobrevivência do grupo. Ficaram conhecidos como os Pioneiros de Rochdale. A cooperativa praticava os seguintes princípios básicos:

- livre adesão e livre saída de seus associados;
- democracia nos direitos e deveres dos associados;
- compras e vendas à vista na cooperativa;
- juro limitado ao capital investido;
- retorno proporcional;
- operação com terceiros;
- formação intelectual dos associados;
- devolução desinteressada dos ativos líquidos.

Quais os princípios básicos do cooperativismo atualmente válidos?

A International Cooperative Alliance (ICA), órgão de representação mundial do cooperativismo, em sua última reunião de 1995, redefiniu e divulgou os sete *princípios básicos do cooperativismo* que se seguem:

---

[3] Mladenatz (1969).

- Adesão Voluntária e Livre;
- Controle Democrático pelos Sócios;
- Participação Econômica dos Sócios;
- Autonomia e Independência;
- Educação, Treinamento e Informação;
- Cooperação entre Cooperativas;
- Preocupação com a Comunidade.

Princípios básicos do cooperativismo: significado, importância e prática

PRINCÍPIO DA ADESÃO VOLUNTÁRIA E LIVRE
"As cooperativas são organizações voluntárias, abertas a todas as pessoas aptas a usar serviços e dispostas a aceitar as responsabilidades de sócio, sem discriminação social, racial, política ou religiosa e de gênero."

O que possibilita aos associados o Princípio da Adesão Voluntária e Livre?

- Impede o ingresso na cooperativa de possíveis aventureiros, de pessoas capazes de comprometer os objetivos da associação.
- Disciplina a admissão de pessoas na cooperativa, a começar pela compatibilidade dos objetivos do interessado com os da cooperativa, e ao mesmo tempo descarta qualquer tipo de discriminação contra o interessado, seja de raça, origem, crença etc.
- Propicia, na cooperativa, um ambiente favorável às discussões de interesse comum, visando a atender às necessidades coletivas do grupo.

Como evitar problemas à prática do Princípio da Adesão Voluntária e Livre?

- Formulando critérios para a admissão de novos sócios que sejam compatíveis com os objetivos de produção, comercialização ou prestação de serviços almejados e decididos pelo grupo, e também coerentes com a missão econômica, política e social da associação.

- Definindo, discutindo e, em *assembléia geral dos sócios*, esgotando todas as possibilidades indesejáveis para admissão de novos sócios na cooperativa, considerando não só a profissão do pretendente, seus interesses particulares na cooperativa, sua situação econômica, política e social, como também os objetivos do pretendente em relação aos objetivos da cooperativa etc.

- Fazendo constar do Estatuto Social da cooperativa um artigo normatizando a responsabilidade única e exclusiva da Assembléia Geral dos Sócios pela decisão de admitir ou não novos sócios na associação.

- Fazendo constar do Estatuto Social da cooperativa, de forma clara e objetiva, todos os critérios estabelecidos pela Assembléia Geral dos Sócios para admissão de novos sócios na cooperativa, esclarecendo o que é considerado desejável quanto a tipo de profissional, tipo de atividade exercida e restrições relativas à situação econômica, política e social do pretendente.

- Fazendo constar do Estatuto Social da cooperativa a responsabilidade da direção, no Conselho de Administração, pelo levantamento dos dados pessoais e do histórico dos interessados em ingressar na cooperativa, segundo os critérios estabelecidos para admissão de associados, e pela apresentação de proposta, por escrito, de admissão à Assembléia Geral dos Sócios, a fim de que esta a discuta e emita sua decisão final.

VEJA no Apêndice, no exemplo de Estatuto Social de uma cooperativa de coletores de artefatos usados, *nos arts. 2º e 3º*, como adaptar e redigir a missão e os objetivos da associação. Nos *incisos I, II e III do art. 4º*, como estabelecer critérios e políticas para controlar a admissão de novos sócios na cooperativa que sejam coerentes com a missão e os objetivos da cooperativa. E, *nos arts. 9º a 13*, como adaptar e redigir normas e/ou regulamentos para a demissão, a eliminação ou a exclusão de associados.

PRINCÍPIO DO CONTROLE DEMOCRÁTICO PELOS SÓCIOS

"As cooperativas são organizações democráticas, controladas por seus sócios, que participam ativamente no estabelecimento de suas políticas e na tomada de decisões. Homens e mulheres, eleitos como representantes, são responsáveis para com os sócios. Nas cooperativas singulares, os sócios têm igualdade na votação (um sócio = um voto); as cooperativas de outros graus são também organizadas de maneira democrática."

O que possibilita aos associados o Princípio do Controle Democrático pelos Sócios?

- Participar das decisões administrativas que determinam a produção, a comercialização ou a prestação dos serviços na cooperativa e para terceiros.
- Tratar da *autogestão* na cooperativa, por meio da qual o próprio associado exerce a direção e a fiscalização da cooperativa, eliminando-se a relação empregado-empregador.
- Conscientizar os sócios da responsabilidade de todos dentro da cooperativa, principalmente no que se refere às políticas financeira e econômica da associação.

Como evitar problemas à prática do Princípio do Controle Democrático pelos Sócios?

- Criando normas e/ou regulamentos no Estatuto Social da cooperativa que obriguem a direção, no Conselho de Administração, a preparar o *edital de convocação* da Assembléia Geral dos Sócios, e fazendo constar nele um item específico para as questões dos associados, além dos previstos na Lei nº 5.764/71.
- Criando normas e/ou regulamentos no Estatuto Social da cooperativa para estabelecer, de forma clara e objetiva, os limites do poder decisório da direção, no Conselho de Administração, principalmente no que diz respeito às transações financeiras da cooperativa relativas a compras, vendas,

contratos com terceiros, empréstimos financeiros etc., bem como estipulando um valor limite para as decisões acerca do *Fundo de Reserva* da cooperativa; ou seja, qualquer decisão que envolva valor superior a 10% do Fundo de Reserva só pode ser tomada convocando-se uma *Assembléia Geral Extraordinária*, à qual cabe a decisão final.

- Distinguindo, de forma clara e objetiva, no Estatuto Social da cooperativa, o poder máximo da *Assembléia Geral dos Sócios* e o poder deliberativo da direção, no *Conselho de Administração.*
- Criando normas e/ou regulamentos no Estatuto Social da cooperativa que atribuam um valor financeiro fixo para as despesas do *Conselho Fiscal*, independentemente da direção, no Conselho de Administração, e que estipulem a responsabilidade dos conselheiros fiscais de dar continuidade aos trabalhos de fiscalização iniciados por seus antecessores, e de apresentar e explicar à Assembléia Geral dos Sócios as despesas com possíveis auditorias nas contas da cooperativa.

VEJA no Apêndice, no exemplo de Estatuto Social, *nos arts. 17, 27 e 28*, como adaptar e redigir os critérios para determinar o poder máximo da Assembléia Geral dos Sócios. No *inciso IX do art. 29*, como adaptar e redigir as condições e/ou critérios para convocação de uma Assembléia Geral Extraordinária, a fim de resolver situações não previstas nas atribuições da direção, no Conselho de Administração, ou não previstas no Estatuto Social. No *inciso XVIII, §1º do art. 33*, como adaptar e redigir normas e/ou regulamentos disciplinando os limites de autoridade da direção, no Conselho de Administração. No *§5º do art. 39*, como adaptar e redigir normas e/ou regulamentos obrigando os novos conselheiros fiscais a continuar os trabalhos de seus antecessores e, no *§6º*, obrigando os conselheiros fiscais, no Conselho Fiscal, a apresentar suas contas, com possíveis auditorias externas, à Assembléia Geral dos Sócios. No *parágrafo único do art. 41*, as normas e/ou regulamentos para o acesso direto dos conselheiros fiscais, no Conselho Fiscal, aos recursos previstos para possíveis auditorias nas contas da cooperativa.

PRINCÍPIO DA PARTICIPAÇÃO ECONÔMICA DOS SÓCIOS

"Os sócios contribuem de forma eqüitativa e controlam democraticamente o capital de suas cooperativas. Parte desse capital é propriedade comum das cooperativas. Usualmente, os sócios recebem juros limitados (se houver algum) sobre o capital, como condição de sociedade. Os sócios destinam as sobras aos seguintes propósitos: desenvolvimento das cooperativas, possibilitando formação de reservas, parte dessas podendo ser indivisíveis; retorno aos sócios na proporção de suas transações com as cooperativas e apoio a outras atividades que forem aprovadas pelos sócios."

O que possibilita aos associados o Princípio da Participação Econômica dos Sócios?

- Assegura-lhes o controle de sua participação econômica na cooperativa, bem como um retorno financeiro proporcional ao volume de sua produção comercializada com a cooperativa ou aos serviços prestados aos tomadores de serviços.
- Discutir e opinar sobre os valores percentuais que constituirão o *capital social* da cooperativa e respectivos reajustes.
- Discutir e opinar sobre onde, como, quando e quanto investir na cooperativa, conforme os resultados das *sobras líquidas* ou lucros líquidos.

Como evitar problemas à prática do Princípio da Participação Econômica dos Sócios?

- Criando normas e/ou regulamentos, no Estatuto Social da cooperativa, que determinem a autoridade única e exclusiva da *Assembléia Geral dos Sócios* para aprovar valores relativos ao aumento ou à correção do *capital social* da cooperativa.
- Criando normas e/ou regulamentos, no Estatuto Social da cooperativa, que responsabilizem os conselheiros fiscais, no *Conselho Fiscal*, pela apuração de qualquer tipo de discriminação entre associados, principalmente no que diz respeito aos valores para a constituição ou correção do *capital social*, e também pela aplicação das punições previstas aos envolvidos.
- Criando normas e/ou regulamentos, no Estatuto Social da cooperativa, que determinem a autoridade única e exclusiva da *Assembléia Geral Ordinária*

para decidir onde, como, quando e quanto investir, conforme os resultados das *sobras líquidas* ou lucros líquidos.

VEJA no Apêndice, no exemplo de Estatuto Social, no *art. 13*, como adaptar e redigir normas e/ou regulamentos para a constituição do capital social da cooperativa. No *art. 14*, como adaptar e redigir normas e/ou regulamentos para a constituição ou correção do capital social da cooperativa. No *art. 15*, como adaptar e redigir normas e/ou regulamentos para a subscrição de quotas-partes pelo associado. No *parágrafo único do art. 16*, como adaptar e redigir normas e/ou regulamentos atribuindo à Assembléia Geral dos Sócios competência única e exclusiva para autorizar valores para a constituição ou correção do capital social da cooperativa. Nos *incisos I e II do art. 27*, como adaptar e redigir normas e/ou regulamentos para a participação econômica do associado nas despesas gerais da cooperativa, mediante decisão final da Assembléia Geral Ordinária. No *inciso XI, do art. 41*, como adaptar e redigir a responsabilidade dos conselheiros fiscais, no Conselho Fiscal da cooperativa, na apuração de todo e qualquer tipo de denúncia feita, por pelo menos um associado, sobre possíveis irregularidades na constituição ou correção do capital social da cooperativa.

PRINCÍPIO DE AUTONOMIA E INDEPENDÊNCIA

"As cooperativas são organizações autônomas de ajuda mútua, controladas por seus membros. Entrando em acordo operacional com outras entidades, inclusive governamentais, ou recebendo capital de origem externa, devem fazê-lo de forma a preservar seu controle democrático pelos sócios e a manter sua autonomia."

O que possibilita aos associados o Princípio de Autonomia e Independência?

- Firmar convênios, contratos etc. com terceiros, mantendo, ao mesmo tempo, a autonomia e a independência da cooperativa, principalmente em relação aos objetivos econômico, político e social almejados pela associação.
- Fiscalizar o cumprimento da missão e dos objetivos iniciais da cooperativa, defendendo-a contra possíveis intervenções externas de atravessadores, oportunistas, agiotas ou prestamistas etc.
- Exigir que todos na cooperativa se responsabilizem pelo acompanhamento e controle da administração interna, considerando a autonomia e a independência nas relações comerciais dentro e fora da associação.

Como evitar problemas à prática do Princípio de Autonomia e Independência?

- Reunindo cooperativas do mesmo segmento ou área de atuação e iniciando amplas discussões sobre a representação das cooperativas brasileiras junto à Organização das Cooperativas Brasileiras (OCB) e a suas filiadas, as Organizações das Cooperativas Estaduais (OCEs), considerando o papel dessas organizações, os processos eleitorais para a nomeação de seus representantes, a representação por tipos ou classes de cooperativas, o destino e o controle das contribuições cooperativistas etc.
- Criando normas e/ou regulamentos, no Estatuto Social da cooperativa, atribuindo ao *Comitê Educativo* da cooperativa a responsabilidade de *educar e conscientizar* todos os associados acerca da importância de sua participação nas questões ligadas à representação da classe cooperativista na OCB e nas OCEs.
- Criando normas e/ou regulamentos, no Estatuto Social da cooperativa, que atribuam à direção, no Conselho de Administração, a responsabilidade de convocar anualmente a Assembléia Geral dos Sócios para, com pelo menos a metade mais um dos associados, rediscutir item por item do Estatuto Social a fim de atualizá-lo, levando principalmente em conta mudanças nos objetivos de produção, comercialização ou prestação de serviços; novas frentes de trabalhos terceirizados; aumento do número de associados; acréscimo dos trabalhos administrativos; criação de funções, cargos e órgãos administrativos; contratação de empregados para a cooperativa; aumento das dependências da cooperativa etc.

VEJA no Apêndice, no exemplo de Estatuto Social, no *inciso VI do art. 27*, como adaptar e redigir normas e/ou regulamentos dando poderes à Assembléia Geral Ordinária para formar comissão para revisar o Estatuto Social da cooperativa. No *inciso I do art. 29*, como estabelecer e adaptar normas e/ou regulamentos para a revisão do Estatuto Social da cooperativa. No *inciso VI do art. 29*, como adaptar e redigir normas e/ou regulamentos para permitir que a Assembléia Geral Extraordinária discuta e proponha alternativas para a representação da classe dos cooperados. No *inciso VII, ainda do art. 29*, como responsabilizar o Comitê Educativo da cooperativa pela educação e conscientização dos associados quanto à importância de sua participação nas questões relativas à representação da classe cooperativista. No *inciso XIX do art. 33*, como estabelecer e adaptar normas e/ou regulamentos atribuindo à direção, no Conselho de Administração, a responsabilidade de reunir anualmente a Assembléia Geral Extraordinária e de propor atualizações do Estatuto Social da cooperativa, principalmente quanto ao tamanho da organização cooperativa, isto é, adaptar a estrutura de funções, cargos e órgãos às necessidades das operações ou atividades da cooperativa.

PRINCÍPIO DA EDUCAÇÃO, TREINAMENTO E INFORMAÇÃO

"As cooperativas proporcionam educação e treinamento aos sócios, dirigentes eleitos, administradores e funcionários, de modo a contribuir efetivamente para o seu desenvolvimento. Eles deverão informar o público em geral, particularmente os jovens e os líderes formadores de opinião, sobre a natureza e os benefícios da cooperação."

O que possibilita aos associados o Princípio da Educação, Treinamento e Informação?

- Instalar na cooperativa o próprio Comitê Educativo, visando ao ensino da *doutrina cooperativista* e ao *treinamento em gestão de cooperativas*.
- Desenvolver intelectualmente os associados e seus familiares, e ainda a comunidade na qual a cooperativa se encontra instalada.
- Divulgar aos novos associados a missão e os objetivos da cooperativa inicial.

Como evitar problemas à prática do Princípio da Educação, Treinamento e Informação?

- Criando normas e/ou regulamentos, no Estatuto Social da cooperativa, que responsabilizem a direção, no Conselho de Administração, pelo desenvolvimento e discussão, com a Assembléia Geral dos Sócios, de programas mínimos para a educação dos associados, considerando a *doutrina cooperativista*, ou seja, a interpretação e a prática dos princípios básicos do cooperativismo.
- Criando normas e/ou regulamentos, no Estatuto Social da cooperativa, que atribuam ao Comitê Educativo a responsabilidade de desenvolver e discutir, nas reuniões da Assembléia Geral dos Sócios, *programas mínimos para o treinamento dos associados em gestão profissional de cooperativas*, ou melhor, cursos básicos de informática, contabilidade em cooperativas etc.
- Criando normas e/ou regulamentos, no Estatuto Social da cooperativa, que atribuam ao Conselho Fiscal da cooperativa autoridade para fiscalizar os trabalhos de educação e treinamento dos associados, inclusive redirecionando-os no caso de queixas da Assembléia Geral dos Sócios ou da constatação de

possíveis desvios, principalmente com relação aos objetivos educacionais e de treinamento vinculados à missão e aos objetivos da cooperativa.

VEJA no Apêndice, no exemplo de Estatuto Social, no *art. 61*, como adaptar e redigir normas e/ou regulamentos que obriguem à criação do Comitê Educativo na cooperativa. No *art. 62*, como determinar o prazo do mandato e a remuneração dos integrantes do Comitê Educativo. No *art. 63*, como adaptar e redigir as funções do Comitê Educativo para que este desenvolva, reproduza e revitalize a missão, os objetivos e as políticas do grupo fundador ou inicial da cooperativa; os mecanismos administrativos para instruir os contatos ou relacionamentos dos educadores do Comitê Educativo com a direção, no Conselho de Administração, e com os conselheiros fiscais, no Conselho Fiscal, bem como a competência do Comitê Educativo no que diz respeito aos trabalhos de educação, treinamento e informação, levando em conta as solicitações, as reclamações ou opiniões dos associados, principalmente quanto aos serviços gerais prestados pela cooperativa e quanto à prestação de contas das despesas com educação e treinamento à Assembléia Geral dos Sócios.

PRINCÍPIO DA COOPERAÇÃO ENTRE COOPERATIVAS

"As cooperativas atendem a seus sócios mais efetivamente e fortalecem o movimento cooperativo trabalhando juntas, através de estruturas locais, nacionais, regionais e internacionas."

O que possibilita aos associados o Princípio da Cooperação entre Cooperativas?

- Fortalecer o movimento cooperativista a partir da troca de informações e/ou de experiências entre cooperativas do mesmo segmento, levando em conta a produção, a comercialização ou a prestação de serviços gerais para os associados e/ou terceiros.
- Discutir e opinar sobre as organizações representativas da classe cooperativista — a Organização das Cooperativas Brasileiras (OCB) e as Organizações das Cooperativas Estaduais (OCEs) —, considerando a qualificação de seus titulares, o destino e o controle das contribuições cooperativistas, os objetivos e as finalidades, e o tamanho dessas representações.
- Obter maior economia, a partir da distribuição de produtos em conjunto com cooperativas do mesmo segmento ou com outras de âmbito local, estadual, nacional ou internacional.

Como evitar problemas à prática do Princípio da Cooperação entre Cooperativas?

- Reunindo cooperativas do mesmo segmento ou área de atuação e trocando informações e/ou experiências em questões de produção, comercialização ou prestação de serviços para associados ou terceiros.
- Criando e implantando banco de dados informatizado entre cooperativas do mesmo segmento ou de âmbito local, estadual, nacional ou internacional, visando à parceria na qualificação da mão-de-obra tanto técnica e/ou operacional dos associados, quanto gerencial e/ou administrativa dos dirigentes cooperativistas.
- Reunindo os representantes das cooperativas do mesmo segmento ou de âmbito local, estadual, nacional ou internacional e discutindo questões que envolvam as necessidades de auto-sustentação ou subsistência do cooperativismo, e propondo ao governo medidas para mudar e/ou renovar tanto a legislação cooperativista quanto o sistema público de apoio ao cooperativismo, levando em conta as novas leis de mercado, o mercado de mão-de-obra informal, a terceirização etc.

VEJA no Apêndice, no exemplo de Estatuto Social, no *inciso VI do art. 27*, como adaptar e redigir normas e/ou regulamentos, dando poderes à Assembléia Geral Ordinária para formar comissão a fim de rever o Estatuto Social da cooperativa. No *inciso VI do art. 29*, como adaptar e redigir normas e/ou regulamentos para permitir à Assembléia Geral Extraordinária discutir e propor alternativas para a representação da classe dos cooperados. No *inciso VII, do art. 29*, como atribuir a responsabilidade, ao Comitê Educativo da cooperativa, de educar e conscientizar os associados quanto à importância de sua participação nas questões relativas à representação da classe cooperativista. No *inciso I do art. 29*, como colocar e adaptar normas e/ou regulamentos para a revisão do Estatuto Social da cooperativa. No *inciso X do art. 33*, como colocar e adaptar normas e/ou regulamentos atribuindo a responsabilidade à direção, no Conselho de Administração, de reunir anualmente a Assembléia Geral Extraordinária e propor atualizações do Estatuto Social da cooperativa, principalmente, em relação ao tamanho da organização cooperativa, isto é, adaptação da estrutura de funções, cargos e órgãos conforme as necessidades das operações ou das atividades da cooperativa.

PRINCÍPIO DA PREOCUPAÇÃO COM A COMUNIDADE

"As cooperativas trabalham pelo desenvolvimento sustentável de suas comunidades, através de políticas aprovadas por seus membros."

O que possibilita aos associados o Princípio da Preocupação com a Comunidade?

- Assegurar direitos iguais aos benefícios gerados pela economia da cooperativa, independentemente das condições econômica, política e social de cada um, dentro e fora da associação.
- Opinar e influenciar, através do voto, as decisões gerais da cooperativa, desde a determinação de seus objetivos gerais até a escolha de seus dirigentes e conselheiros fiscais.
- Participar, através do voto, das decisões administrativas relacionadas com preços, quantidades, qualidade, prazos, contratos etc. dos produtos que serão comercializados com a cooperativa ou da prestação de serviços aos tomadores de serviços.

Como evitar problemas à prática do Princípio da Preocupação com a Comunidade?

- Criando normas e/ou regulamentos no Estatuto Social da cooperativa, que condicionem todas as decisões da direção, no Conselho de Administração, que não estejam previstas em suas funções ou no próprio Estatuto Social, à discussão e à votação em Assembléia Geral Extraordinária.
- Criando normas e/ou regulamentos no Estatuto Social da cooperativa para quantificar os limites das despesas administrativas da direção, no Conselho de Administração, cujos gastos deverão ser, obrigatoriamente, explicados e discriminados em documentos na primeira Assembléia Geral dos Sócios que se reunir após a ocorrência de despesas não-previstas.
- Criando normas e/ou regulamentos no Estatuto Social da cooperativa, que obriguem a direção, no Conselho de Administração, a apresentar contas relativas à aplicação dos recursos financeiros da cooperativa, especificando respectivas prioridades, e a submetê-las à discussão e à votação em Assembléia Geral Ordinária.

VEJA no Apêndice, no exemplo de Estatuto Social, no *inciso I do art. 5º*, como adaptar e redigir normas e/ou regulamentos atribuindo poder máximo aos sócios, através de voto, na Assembléia Geral dos Sócios. No *art. 27*, como adaptar e redigir normas e/ou regulamentos condicionando os poderes da direção, no Conselho de Administração, à discussão e à decisão final dos sócios, por meio de voto, nas reuniões da Assembléia Geral Ordinária, bem como a prestação de contas. No *inciso XVIII do art. 33*, como adaptar e redigir normas e/ou regulamentos limitando as decisões da direção, no Conselho de Administração.

Os princípios de que trataremos a seguir — *Um Homem, um Voto* e *Retorno das Sobras* — não foram abordados na reunião da Aliança das Cooperativas Internacionais (ICA) de 1995, mas foram citados em reunião realizada em 1996, como desdobramentos, respectivamente, dos princípios de Controle Democrático pelos Sócios e da Participação Econômica dos Sócios, cujas regras e/ou normas ainda prevalecem no Estatuto Social das cooperativas.

PRINCÍPIO UM HOMEM, UM VOTO
"Na cooperativa, cada cooperado tem um voto, independentemente do número de quotas-partes, e direito a votar e ser votado."

O que possibilita aos associados o Princípio Um Homem, Um Voto?

- Direitos iguais aos benefícios gerados pela economia da cooperativa, independentemente das situações econômica, política e social de cada um, dentro e fora da associação.
- Através do voto, emitir opinião e influenciar as decisões gerais da cooperativa, desde a determinação dos objetivos gerais da cooperativa até a escolha dos dirigentes e conselheiros fiscais.
- Através do voto, participar das decisões administrativas relativas a preços, quantidade, qualidade, prazos, contratos etc. dos produtos a serem comercializados com a cooperativa, ou relativas à prestação de serviços aos tomadores de serviços.

Como evitar problemas à prática do Princípio Um Homem, Um Voto?

- Criando normas e/ou regulamentos, no Estatuto Social da cooperativa, condicionando todas as decisões da direção, no Conselho de Administração, não previstas em suas funções ou no próprio Estatuto Social, à discussão e à votação em *assembléia geral extraordinária.*

- Criando normas e/ou regulamentos, no Estatuto Social da cooperativa, que estabeleçam limites quantitativos para as despesas administrativas da direção, no Conselho de Administração, cujos gastos devem ser obrigatoriamente explicados e discriminados em documentos na primeira *Assembléia Geral dos Sócios* realizada após o ocorrido.
- Criando normas e/ou regulamentos, no Estatuto Social da cooperativa, que obriguem a direção, no Conselho de Administração, a apresentar contas sobre a aplicação dos recursos financeiros da cooperativa e respectivas prioridades, e a submetê-las à discussão e à votação em *assembléia geral ordinária.*

VEJA no Apêndice, no exemplo de Estatuto Social, no *inciso I do art. 5º*, como adaptar e redigir normas e/ou regulamentos atribuindo poder máximo aos sócios, através do voto, na Assembléia Geral dos Sócios. No *art. 27*, como adaptar e redigir normas e/ou regulamentos condicionando os poderes da direção, no Conselho de Administração, à discussão e à decisão final, por voto, em assembléia geral ordinária, bem como determinando a prestação de contas. E, no *inciso XVIII do art. 33*, como adaptar e redigir normas e/ou regulamentos limitando as decisões da direção, no Conselho de Administração.

PRINCÍPIO DO RETORNO DAS SOBRAS
"A cooperativa não visa a lucros, o que seria remuneração do capital. Se houver sobras no fechamento do balanço anual, essas sobras se destinam aos fundos previstos no Estatuto da cooperativa, ficando o restante à disposição da Assembléia Geral, que decide livremente sobre sua destinação. Se os cooperados decidirem pela distribuição dessas sobras, serão distribuídas proporcionalmente à participação de cada cooperado."

O que possibilita aos associados o Princípio do Retorno das Sobras?

- Opinar e decidir, conscientemente, sobre os resultados e a aplicação das *sobras líquidas* ou lucros líquidos.

- Discutir e exercer influência nos valores percentuais a serem retirados das *sobras líquidas* para a constituição do Fundo de Reserva e do Fundo de Assistência Técnica, Educacional e Social (Fates).
- Controlar as próprias despesas e as *sobras líquidas* ou lucros líquidos, proporcionalmente ao volume de sua comercialização na cooperativa ou aos serviços prestados aos tomadores de serviços da associação.

Como evitar problemas à prática do Princípio do Retorno das Sobras?

- Criando normas e/ou regulamentos, no Estatuto Social da cooperativa, para que prevaleça o mecanismo da *proporcionalidade* tanto nos benefícios da cooperativa, quanto nas despesas gerais, conforme as transações realizadas por cada associado, independentemente das condições econômica, política e social de cada um.
- Participando assiduamente das reuniões da Assembléia Geral dos Sócios e exigindo esclarecimentos da direção, no Conselho de Administração, sobre os *critérios* empregados no rateio das despesas, na distribuição das sobras líquidas ou lucros líquidos e na contribuição dos associados para a constituição do Fundo de Reserva e do Fundo de Assistência Técnica, Educacional e Social, bem como discutindo e opinando, juntamente com os demais associados, sobre o *conteúdo desses critérios* e respectiva aprovação pelo voto da maioria.
- Criando normas e/ou regulamentos, no Estatuto Social da cooperativa, que permitam ao Conselho Fiscal aplicar as *punições* devidas à direção, no Conselho de Administração, quando constatadas *irregularidades*, principalmente no que se refere ao rateio das despesas gerais da cooperativa e à discriminação de associados, levando em conta os valores percentuais de contribuição para o capital social e os fundos da cooperativa.

VEJA no Apêndice, no exemplo de Estatuto Social, no *art. 16*, como adaptar e redigir normas e/ou regulamentos para a contribuição do associado ao capital social da cooperativa. No *inciso XI, art. 41*, como adaptar e redigir normas e/ou regulamentos para livrar as transações comerciais dos associados de possíveis discriminações, principalmente no que se refere a contribuições para despesas gerais da cooperativa. No *art. 50*, como adaptar e redigir normas e/ou regulamentos para a constituição do Fundo de Reserva e do Fundo de Assistência Técnica, Educacional e Social da cooperativa. Nos *arts. 51 a 55*, como adaptar e redigir normas e/ou regulamentos para o rateio das despesas na cooperativa e para a distribuição das sobras líquidas.

CAPÍTULO 5

Como formar uma cooperativa

Para criar uma cooperativa, o grupo de trabalhadores ou profissionais deve compor uma Assembléia Geral dos Sócios, seguindo os seguintes passos:

1. Reunir, no mínimo, 20 trabalhadores ou profissionais para constituir a cooperativa, conforme dispõe a Lei nº 5.764/71.
2. Convocar os trabalhadores ou profissionais interessados na formação da cooperativa, conforme o modelo de convocação apresentado no apêndice deste livro.
3. Discutir com os fundadores da associação item por item do Estatuto Social da cooperativa, conforme o modelo de estatuto constante no apêndice deste livro, adaptando-os à missão, aos objetivos e às políticas de produção, comercialização ou prestação de serviços da associação pretendida e considerando:

    - area de atuação e objetivo da associação;
    - direitos e deveres dos associados;
    - condições de admissão, demissão e exclusão de associados;
    - capital e valor mínimo das quotas-partes para subscrição dos associados;
    - formas de devolução das sobras líquidas e rateio das despesas;
    - normas para a administração e a fiscalização da cooperativa etc.

4. Aprovar, na primeira Assembléia Geral dos Sócios, o Estatuto Social da cooperativa, registrar sua constituição em livro especial e elaborar a Ata de constituição da cooperativa, considerando os assuntos discutidos, e, mediante voto de todos os participantes, aprová-la, tomando a assinatura de cada um no referido documento.
5. Encaminhar o Estatuto Social e a Ata, com os documentos exigidos pela Lei nº 5.764/71 (como descritos no capítulo 16 deste livro) para registro no Cartório de Registro de Títulos e Documentos, no Ministério da Fazenda e na Junta Comercial, a fim de dar prova da existência da associação.

Assembléia Geral dos Sócios

Atribuições básicas da Assembléia Geral dos Sócios no ato de formação da cooperativa

- Discutir e tomar a decisão final sobre os objetivos da associação, principalmente no que se refere ao que produzir, comercializar, ou ao tipo de serviços a prestar a terceiros.
- Decidir sobre o tipo de profissional que pode ingressar na cooperativa e estabelecer critérios para a admissão de sócios.
- Formar chapas eleitorais de sócios e eleger os membros da direção, no Conselho de Administração, e os conselheiros fiscais, do Conselho Fiscal da cooperativa.
- Exigir da direção eleita para o Conselho de Administração a imediata implantação do Comitê Educativo, inclusive opinando sobre sua função e sobre o conteúdo dos programas de educação em doutrina cooperativista e o treinamento em gestão de cooperativas.
- Opinar e tomar a decisão final sobre a criação ou extinção de órgãos na cooperativa, sobre a contratação definitiva ou temporária de profissionais para auxiliar a direção no Conselho de Administração, principalmente quando as questões relativas à gestão exigidas pela cooperativa forem altamente técnicas e estiverem acima da capacidade de conhecimento dos associados.
- Discutir e decidir sobre os valores percentuais para a constituição do capital social da cooperativa, do Fundo de Reserva e do Fundo de Assistência Técnica, Educacional e Social (Fates), respeitando os limites previstos na Lei nº 5.764/71, sobretudo no que se refere às contribuições dos associados.
- Opinar e tomar a decisão final quanto a possíveis convênios com outras cooperativas, com terceiros, inclusive quanto a propostas de contratos, considerando os prazos, os valores etc.
- Discutir os honorários da direção, no Conselho de Administração da cooperativa, tomando a decisão final quanto aos valores.

Tipos de Assembléia Geral dos Sócios

Assembléia Geral Ordinária. Reunião anual de associados, logo nos três primeiros meses de constituição da cooperativa e após o término do exercício social de cada ano, para tratar dos seguintes assuntos:

- aprovar as contas gerais da cooperativa apresentadas pela direção, mediante parecer dos conselheiros fiscais, e decidir pela distribuição ou reinvestimento das sobras líquidas, considerando eventuais perdas financeiras etc.;
- decidir sobre o destino ou a aplicação das sobras líquidas (lucro líquido) e opinar sobre os valores monetários para cobrir eventuais perdas financeiras decorrentes de insuficiências nas contribuições dos associados;
- eleger os membros da direção, no Conselho de Administração, e os conselheiros fiscais do Conselho Fiscal da cooperativa;
- decidir sobre o valor dos honorários da direção, no Conselho de Administração, e sobre as gratificações e cédula de presença (tipo de benefício financeiro que não configura salário) dos demais membros, tanto do Conselho de Administração quanto do Conselho Fiscal.

Assembléia Geral Extraordinária. Reunião de associados, sempre que necessário, para discutir qualquer assunto de seu interesse, como:

- propor mudanças no Estatuto Social da cooperativa no que diz respeito a missão, objetivos e políticas da associação, determinando adaptações, exclusões ou inclusões de normas estatutárias;
- decidir sobre fusão ou incorporação com outras cooperativas, considerando as vantagens e/ou desvantagens econômicas, políticas e sociais para a associação;
- opinar e tomar a decisão final sobre possíveis alterações na missão e/ou nos objetivos da cooperativa;
- destituir membros da direção ou conselheiros fiscais, mediante comprovação de irregularidades;
- decidir sobre o encerramento das operações da cooperativa, constatada a inviabilidade financeira e econômica, bem como nomear os liquidantes, se for o caso;

- destituir ou mudar os membros da direção, no Conselho de Administração, ou os conselheiros do Conselho Fiscal da cooperativa, no caso de comprovação de erro (*falso sentido de alguma coisa*), dolo (*utilizar-se de algum artifício para induzir alguém a praticar um ato*), fraude (*engano malicioso, de má-fé, para ocultar a verdade ou o cumprimento do dever*) ou simulação (*mascarar a verdade, dando direitos às pessoas contrários àqueles que realmente deveriam ser dados*), ou ainda se constatada qualquer violação do Estatuto Social da cooperativa, e exigir a aplicação das punições previstas em lei para os envolvidos.

Direitos de cada associado na Assembléia Geral dos Sócios

É direito de cada associado:

- tomar parte nas reuniões da Assembléia Geral dos Sócios, solicitar esclarecimentos quanto a assuntos de interesse geral e individual relativos às atividades gerais da cooperativa e votar todas as questões que nelas forem tratadas;
- propor e cobrar da direção, no Conselho de Administração, e dos conselheiros do Conselho Fiscal medidas de interesse da associação, conforme os objetivos da cooperativa;
- votar e ser votado para os cargos de direção, no Conselho de Administração, e para o cargo de conselheiro fiscal, no Conselho Fiscal;
- discutir e dar opinião sobre todos os assuntos relacionados com os objetivos da cooperativa, inclusive cuidando para que a associação não seja desviada deles e para que qualquer mudança e/ou alteração de objetivos só seja efetuada com o consentimento de pelo menos a metade mais um dos sócios inscritos na cooperativa;
- solicitar, por escrito, da direção, no Conselho de Administração, ou dos conselheiros do Conselho Fiscal informações sobre os negócios gerais da cooperativa e, no mês que anteceder a reunião da Assembléia Geral dos Sócios, consultar, na sede da sociedade, o *livro de matrícula* de associados, as *atas* das reuniões, as peças do *balanço anual* e toda a documentação gerada pelos negócios da cooperativa etc.; enfim, tudo que for necessário para esclarecer possíveis dúvidas dos associados.

Deveres de cada associado na Assembléia Geral dos Sócios

É dever de cada associado:

- participar das reuniões da Assembléia Geral dos Sócios, discutindo e opinando sobre assuntos ou questões de interesse próprio ou da associação;
- acatar todas as decisões da Assembléia Geral dos Sócios, considerando os votos de pelo menos a metade mais um dos associados inscritos na cooperativa;
- cumprir as determinações da Assembléia Geral dos Sócios, desde que coerentes com as normas e/ou regulamentos do Estatuto Social da cooperativa;
- prestar esclarecimentos gerais, relacionados com as atividades que mantêm com a cooperativa e fora dela;
- cumprir os acordos firmados e documentados com relação a quotas de produção, comercialização ou prestação de serviços para terceiros;
- atentar para as decisões e ações da direção, no Conselho de Administração, e dos conselheiros do Conselho Fiscal, comparado-as com as normas e/ou regulamentos previstos no Estatuto Social, visando à manutenção e ao desenvolvimento da cooperativa.

Conselho Fiscal

Para formar o Conselho Fiscal da cooperativa, devem-se seguir os seguintes passos:

1. Formar uma chapa de seis sócios, visando às eleições dos cargos do Conselho Fiscal.
2. Eleger três membros efetivos e três suplentes para os cargos do Conselho Fiscal e nomear um coordenador, selecionando-o dentre os próprios membros eleitos em Assembléia Geral dos Sócios.
3. Constituir o Conselho Fiscal e posicioná-lo no organograma da cooperativa logo abaixo da Assembléia Geral dos Sócios, ligado por uma linha pontilhada, significando que não manda em ninguém, porém é dotado de poderes para fiscalizar todas as operações ou atividades da cooperativa, conforme mostra o organograma da figura 1, no capítulo 6.

Atribuições básicas do Conselho Fiscal

- Acompanhar as operações financeiras, produtivas e comerciais, bem como os serviços prestados pela cooperativa, entre os associados e para terceiros, checando-as com os regulamentos estatutários.
- Dar parecer sobre a contabilidade da cooperativa, com a contratação de consultorias externas, se necessário, visando às análises dos resultados contábeis apresentados pela direção.
- Participar da Assembléia Geral dos Sócios e tomar parte nas decisões, mediando possíveis desacordos entre associados ou entre estes e a direção.
- Fiscalizar todos os atos administrativos da direção, no Conselho de Administração, verificando se estão de acordo com as normas e/ou regulamentos previstos no Estatuto Social da cooperativa.
- Procurar conhecer o grau de satisfação dos associados com os serviços prestados pela cooperativa, questionando e apurando possíveis reclamações.
- Apurar todo e qualquer tipo de irregularidades na cooperativa, exigindo a punição dos envolvidos, conforme o disposto na Lei nº 5.764/71 ou mediante a abertura de processo civil criminal.
- Acompanhar as eleições gerais na cooperativa, com base nas regras e/ou regulamentos previstos no Estatuto Social da cooperativa, e impugná-las em caso de erro, dolo, fraude ou simulação, inclusive exigindo a punição dos envolvidos, conforme o disposto na Lei nº 5.764/71, ou ainda por meio de processo civil criminal.

Conselho de Administração

Para formar o Conselho de Administração da cooperativa, é preciso:

1. Formar uma chapa constituída por seis sócios para concorrer às eleições dos cargos do Conselho de Administração.
2. Eleger três membros efetivos e três suplentes para os cargos do Conselho de Administração e, dos três efetivos, nomear o presidente, o diretor e o secretário da cooperativa.
3. Constituir o Conselho de Administração e posicioná-lo no organograma da cooperativa logo abaixo da Assembléia Geral dos Sócios, ligado por uma linha cheia, visando a acatar as decisões desta e a dirigir os demais órgãos administrativos da cooperativa, conforme demonstrado no organograma da figura 1, do capítulo 6.

Atribuições básicas do Conselho de Administração

- Intermediar as compras e as vendas dos produtos ou serviços entre associados e terceiros.
- Levantar as necessidades de materiais de escritório, pessoal administrativo, recursos financeiros, bens de produção e consumo, providenciando-os junto a instituições financeiras, fornecedores etc.
- Convocar reunião da Assembléia Geral dos Sócios e apresentar os resultados das operações ou atividades gerais da cooperativa, considerando as previsões de compras e vendas em relação ao que foi alcançado durante o ano, semestre ou mês, tudo conforme os objetivos e as políticas previstas no Estatuto Social da cooperativa.
- Apresentar à Assembléia Geral dos Sócios os resultados operacionais e financeiros da cooperativa, considerando o volume das compras e vendas de produtos ou da prestação de serviços aos tomadores de serviços da cooperativa.
- Apresentar à Assembléia Geral dos Sócios o relatório contábil anual, demonstrando as receitas e as despesas das operações gerais da cooperativa, bem como os resultados das sobras líquidas ou lucros líquidos, explicando item por item e esclarecendo possíveis dúvidas dos associados, considerando a distribuição ou o reinvestimento das sobras líquidas, a correção do capital social, os descontos para o Fundo de Reserva e para o Fundo de Assistência Técnica, Educacional e Social (Fates).
- Deliberar sobre preço, prazo, quantidade, qualidade dos produtos ou serviços contratados com associados ou terceiros, conforme determinado e acertado pela Assembléia Geral dos Sócios.
- Apresentar propostas de contrato de trabalho, de convênios com terceiros, de empréstimos financeiros, de contratação de pessoal, de compra de bens para a cooperativa etc., explicando-as para a Assembléia Geral dos Sócios e acatando suas decisões finais.
- Procurar conhecer o grau de satisfação dos associados com os serviços prestados pela cooperativa, antecipando possíveis reclamações etc.
- Encaminhar à discussão e à decisão final da Assembléia Geral dos Sócios os pedidos dos trabalhadores ou profissionais interessados na associação, bem como possíveis pedidos de demissão de associados.

- Criar meios administrativos favoráveis à participação do associado nas decisões gerais da cooperativa, sobretudo no que diz respeito à aplicação dos recursos financeiros da associação.
- Encontrar meios administrativos para atrair o maior número possível de associados para as reuniões da Assembléia Geral dos Sócios, visando à participação de pelo menos a metade mais um dos sócios inscritos na cooperativa.

Critérios para a admissão de sócios na cooperativa

Os requisitos básicos para se ingressar numa cooperativa são os seguintes:

- ser apresentado por outro associado à Assembléia Geral dos Sócios e, após relatar seus objetivos na cooperativa, aguardar a decisão final da AGS, que deverá ocorrer por votação, com a contagem dos votos de pelo menos a metade mais um de todos os associados inscritos na cooperativa;
- adquirir ou subscrever parte do capital social da cooperativa na forma de quotas-partes, sendo o valor de uma quota-parte menor ou igual ao maior salário mínimo vigente no país;

OBSERVAÇÃO

O *capital social mínimo* para constituir determinada cooperativa é o resultado da multiplicação de todas as *quotas-partes* adquiridas ou subscritas por cada associado pelo número mínimo de 20 sócios, conforme o exemplo a seguir:

1. José da Silva:	2 quotas-partes × R$151,00 (s.m.)	=	R$302,00
2. Pedro Paulo:	3 quotas-partes × R$151,00 (s.m.)	=	R$453,00
3. Jesiel Santos:	1 quota-parte × R$151,00 (s.m.)	=	R$151,00
			R$906,00

Neste exemplo, R$906,00 × 3 sócios = R$2.718,00 corresponde ao valor mínimo do *capital social* para o caso de três sócios. Vale lembrar que, para a constituição de uma cooperativa, a Lei nº 5.764/71 exige um número mínimo de 20 sócios.

- adquirir ou subscrever até o limite de 1/3 do total das *quotas-partes*, conforme o montante das quotas-partes da cooperativa, de acordo com a Lei nº 5.764/71;
- aceitar juros de 12% ao ano, calculados sobre o *capital social* da cooperativa — limite máximo permitido pela Lei nº 5.764/71 —, cabendo à Assembléia Geral dos Sócios decidir pela adoção ou não da prática de juros sobre o capital social;
- permitir o desconto de 1% do valor total da movimentação financeira da cooperativa, visando ao aumento ou à correção do *capital social* da associação, podendo o associado contribuir com bens previamente avaliados e autorizados pela Assembléia Geral dos Sócios;
- acatar as decisões da Assembléia Geral dos Sócios quanto à correção do *capital social* da cooperativa, conforme os índices previstos na Lei nº 5.764/71 do cooperativismo e com base no Bônus do Tesouro Nacional ou em outros índices previstos na referida lei.

Pesquisas efetuadas nas cooperativas agropecuárias e agroindustriais brasileiras têm constatado inúmeros problemas na formação dos órgãos básicos da cooperativa: Assembléia Geral dos Sócios, Conselho Fiscal e Conselho de Administração. Esses problemas devem-se ao não-comprometimento de todos os associados com o processo de constituição e com a continuidade da organização e ao fato de esses órgãos normalmente ficarem sob o mando de determinado grupo de sócios, que se revezam ora nos cargos do Conselho de Administração, ora nos do Conselho Fiscal da cooperativa.

CAPÍTULO 6

Estruturação dos órgãos básicos de uma cooperativa

Os órgãos básicos Assembléia Geral dos Sócios, Conselho Fiscal e Conselho de Administração — este último constituído pelos cargos do presidente, do diretor e do secretário — têm a seguinte hierarquia no organograma da cooperativa:

Figura 1

Estrutura básica de uma cooperativa

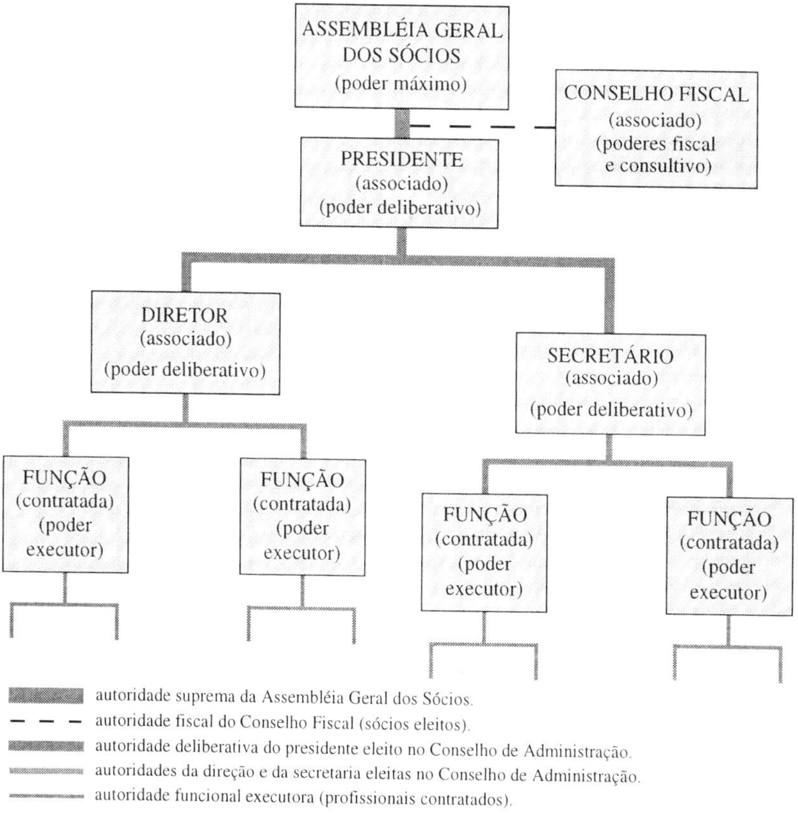

Por que é importante representar a Assembléia Geral dos Sócios, o Conselho Fiscal e o Conselho de Administração — órgãos básicos da cooperativa — no organograma?

- Para mostrar todos os órgãos da cooperativa e suas respectivas posições de poder, como se vê na figura 1.
- Para possibilitar a visualização de quem obedece a quem, respeitando-se os direitos e os deveres da Assembléia Geral dos Sócios, do Conselho Fiscal e do Conselho de Administração.
- Para mostrar o tamanho da cooperativa em termos de órgãos, funções e cargos.
- Para facilitar a visualização e o acompanhamento das relações entre os órgãos em suas respectivas funções administrativas, da tramitação de documentos, dos fluxos de comunicações gerais, dos problemas e respectivas sugestões de mudanças.

Problemas e alternativas na estruturação dos órgãos básicos da cooperativa

Os problemas mais comuns na construção do organograma de uma cooperativa são os seguintes:

- representar órgãos que, na realidade, não existem na cooperativa e cujo desenho no papel quase sempre só serve para justificar a criação de órgãos fictícios e o preenchimento de cargos com parentes ou amigos da direção, no Conselho de Administração, o que eleva as despesas com salários, como tem ocorrido nas cooperativas agrícolas;

EXEMPLO

Depoimento do presidente da Sociedade Rural do Paraná: "(...) enquanto na área privada um excelente administrador de empresas (...) não percebe vencimentos acima de US$3 mil mensais, diretores de cooperativas (...) chegam a pró-labores superiores a US$5 mil. Enquanto isso, o cooperado (...) assiste à falência de um sistema que foi criado justamente para atendê-lo".[4] Essa situação ocorreu na Cooperativa Agrícola de Cotia (CAC), que pagava cerca de US$15 mil aos membros de sua diretoria.[5] Portanto, quanto mais órgãos com finalidades que não conferem com a realidade dos trabalhos da cooperativa, tanto maior será o pró-labore da direção, no Conselho de Administração, para que sua remuneração não fique abaixo dos salários pagos aos profissionais contratados — tudo ditado pelas forças do mercado.

---

[4] Tibúrcio (1993).

[5] *Folha de S. Paulo* (1993).

- ignorar as hierarquias de poder previstas no organograma e regimentadas no Estatuto Social da cooperativa, colocando o associado quase sempre em segundo plano e até mesmo sujeitando-o ao mando de profissionais contratados;
- apresentar um organograma totalmente desatualizado, principalmente em relação ao número de órgãos e, além disso, em locais de difícil acesso para os associados, o que dificulta críticas, sugestões etc.;
- omitir o órgão Comitê Educativo, ou implantá-lo com outras denominações, a fim de desviar a atenção dos associados e evitar a procura pelos possíveis serviços de *educação em doutrina cooperativista* e *gestão de cooperativas*.

Para evitar problemas na construção do organograma da cooperativa, deve-se:

- exigir da direção, no Conselho de Administração, a elaboração de um organograma da cooperativa atualizado e representativo do tamanho da associação, e que leve em conta o volume das operações ou atividades e respectivas necessidades das funções, dos cargos e dos órgãos;
- exigir da direção, no Conselho de Administração, que submeta o organograma da cooperativa a discussão na Assembléia Geral dos Sócios, para que esta emita sua decisão final de aprová-lo ou não, após explicados os motivos para a criação de funções, cargos e órgãos;
- atribuir ao Comitê Educativo da cooperativa a tarefa de instruir todos os sócios sobre as relações de poder representadas no organograma e as funções de cada órgão, conforme previstas no Estatuto Social da cooperativa;
- exigir da direção, no Conselho de Administração, a revisão anual do organograma da cooperativa, bem como sua divulgação em local de fácil acesso aos associados, inclusive com explicações ou legendas na parte inferior do mesmo, esclarecendo o nome do órgão, o tipo de autoridade e a relação de poder, conforme exemplificado na figura 1.

VEJA no Apêndice, no exemplo de Estatuto Social, no *inciso X, §1º do art. 33*, como adaptar e redigir normas e/ou regulamentos atribuindo à direção, no Conselho de Administração, a responsabilidade de providenciar o desenho organizacional, ou organograma, da cooperativa. No *§8º do art. 63*, como adaptar e redigir normas e/ou regulamentos atribuindo ao Comitê Educativo a responsabilidade de informar e orientar os associados sobre o significado do desenho organizacional, ou organograma, da cooperativa.

PARTE II

Administração de cooperativas

CAPÍTULO 7

Formação da Assembléia Geral dos Sócios, do Conselho Fiscal e do Conselho de Administração: problemas e alternativas

Assembléia Geral dos Sócios

Problemas mais comuns envolvendo os associados nas reuniões da AGS:

- Comparecer às reuniões apenas para votar e se livrar o mais depressa possível da incumbência, principalmente no que diz respeito aos deveres de um associado na Assembléia Geral dos Sócios.

> **POR EXEMPLO**
>
> Pesquisa na Cooperativa Agrícola de Cotia evidenciou que os destinos das sobras líquidas eram, teoricamente, definidos pela Assembléia Geral dos Sócios e, de fato, pela direção, porém referendados pelos votos da Assembléia Geral dos Sócios.[6]

- Participar das reuniões sem conhecer os direitos e deveres do associado na cooperativa, as normas estatutárias, os assuntos a serem tratados nas reuniões e ainda não se interessar por eles.

> **POR EXEMPLO**
>
> Nas cooperativas do Rio Grande do Sul, os balanços são desconhecidos antes da realização da Assembléia Geral dos Sócios, fato que impede os associados de opinar e votar conscientemente.[7]

[6] Loureiro (1981).
[7] Barreto (1980).

- Omitir discordância nas reuniões da Assembléia Geral dos Sócios, principalmente quando lesados em direitos que deveriam ser iguais para todos na cooperativa, ficando submisso às decisões da direção.

POR EXEMPLO

Estudo da Fecotrigo constatou um cooperativismo empresarial formado pela classe dos granjeiros, ligada ao Estado e à classe dos pequenos produtores, cuja situação econômica inferior à dos pequenos produtores, dentro e fora da cooperativa, serve apenas para, em seu nome, facilitar o acesso dos granjeiros ao capital estatal.[8]

- Trocar o voto por benefícios extras nos serviços gerais da cooperativa, comprometendo os resultados das eleições e, conseqüentemente, a representatividade tanto dos cargos de direção quanto dos conselheiros fiscais.

POR EXEMPLO

Nas cooperativas de laticínios do estado de São Paulo, constatou-se que determinado grupo de sócios, que detinha o poder nas cooperativas, via uma diretoria eleita com votos viciados, era favorecido na rentabilidade de suas propriedades, enquanto o grupo de pequenos produtores alijados desse poder de direção servia apenas para a manutenção na cooperativa dos grupos dominantes, que não podiam ser destituídos.[9]

- Desconhecer as necessidades *organizacionais* e *administrativas* da cooperativa no que diz respeito a número de funções, cargos e órgãos, propiciando o crescimento desnecessário e oneroso da estrutura organizacional, incluindo as organizações representativas da classe — a OCB e as OCEs.

---

[8] Duarte (1986).

[9] Fleury (1983) e Crúzio (1993).

POR EXEMPLO

Segundo o depoimento de um profissional ligado ao cooperativismo agrícola brasileiro, um dos principais problemas das cooperativas é o "gigantismo", que se inicia na representação da classe cooperativista, reproduz-se nas federações de cooperativas, centrais e singulares, e cuja conseqüência é o distanciamento dos associados de sua própria associação.[10]

- Votar em propostas vagas ou apenas recomendadas pela direção, sem medir as conseqüências para a missão e os objetivos da associação, principalmente quando as decisões nas reuniões da Assembléia Geral dos Sócios são tomadas com base nos votos viciados de menos da metade mais um dos sócios inscritos na associação.

POR EXEMPLO

De acordo com estudos das cooperativas do Rio Grande do Sul, 80,7% dos sócios afirmaram que as decisões dependiam pouco ou nada de sua atuação; para 60,1%, a cooperativa é dirigida e controlada por uma minoria de sócios.[11]

- Confiar demais na direção e deixar a administração da cooperativa totalmente por conta dela.

POR EXEMPLO

Estudos realizados nas cooperativas do Rio Grande do Sul demonstraram que ainda existem resíduos do paternalismo que a direção e o governo introduziram e mantiveram durante as primeiras décadas de existência das cooperativas. Esse contexto é propício à concessão de crédito, ao produtor, facilitado e intermediado pelas cooperativas. A expectativa paternalista dos associados manifesta-se na atitude de "deixar a direção fazer tudo".[12]

---

[10] Macedo (1993).
[11] Prochnow (1978).
[12] Lauschner & Schneider (1974).

- Fazer da cooperativa um grupo de apoio a políticos alheios aos interesses dos cooperados, em troca simplesmente de benefícios ou vantagens nos serviços públicos, deixando a cooperativa vulnerável a intromissões externas.

POR EXEMPLO

No Complexo Agroindustrial de Caxangá e na Cooperativa Integral de Reforma Agrária (Cira), a função da diretoria, composta de parceleiros, seria apenas cumprir formalidades, visando à criação da associação para benefício hegemônico dos grandes produtores ligados ao Instituto Brasileiro da Reforma Agrária (Ibra).[13]

- Descuidar da própria fiscalização, no que se refere aos atos tanto da direção quanto dos conselheiros fiscais.

POR EXEMPLO

Pesquisas nas cooperativas de beneficiamento de algodão do estado da Paraíba mostraram que somente as classes dominantes, instaladas nos cargos da diretoria, recebem os benefícios proporcionados pela economia da associação.[14]

- Votar em chapa de sócios, para os cargos de direção e de conselheiro fiscal, que vêem a cooperativa apenas como um "bico", principalmente quando os candidatos exercem, paralelamente, cargos públicos ou são fornecedores de bens, mercadorias etc. para a própria cooperativa, ou são os beneficiados pela terceirização dos serviços prestados.

POR EXEMPLO

Nas cooperativas Cotrijuí, Cotrisa e Fecotrigo foi constatada uma autonomização administrativa que prima pela dissociação dos produtores associados na forma de empresários coletivos, isto é, um grupo de associados que decide sobre o destino dos lucros gerados pelas atividades da cooperativa e outro que apenas trabalha para aumentar cada vez mais esses lucros.[15]

---

[13] Cavendish (1981).
[14] Novaes (1981).
[15] Benetti (1982).

Alternativas para os associados nas reuniões da Assembléia Geral dos Sócios:

- saber de cor todos os direitos e deveres na cooperativa, as normas estatutárias e, na dúvida sobre determinado assunto, discuti-lo e comprová-lo nas reuniões da Assembléia Geral dos Sócios;
- participar das discussões nas reuniões da Assembléia Geral dos Sócios, opinando e exigindo da direção a apresentação de recibos de compra e venda, das minutas dos contratos firmados entre a cooperativa e terceiros, das notas dos pagamentos efetuados a terceiros, dos extratos bancários referentes às operações gerais da cooperativa etc.;
- evitar qualquer tipo de comprometimento com determinados grupos de sócios em troca de voto em eleições tanto para cargos da direção quanto para conselheiro fiscal;
- formar pequenos grupos de sócios e discutir a qualidade das propostas eleitorais dos candidatos a cargos da direção e do Conselho Fiscal, considerando a missão, os objetivos e as políticas da cooperativa;
- evitar fazer da cooperativa um grupo de apoio a políticos, sobretudo visando à troca de favores no serviço público que extrapolam os benefícios previstos e garantidos pela *legislação cooperativista*, a fim de não enfraquecer a *autonomia* da cooperativa;
- denunciar, nas reuniões da Assembléia Geral dos Sócios, se possível em grupo e por escrito, qualquer irregularidade cometida pela direção ou por profissionais contratados, como desvios financeiros ou de outra espécie, má qualidade do atendimento aos associados etc., e exigir as punições previstas no Estatuto Social;
- sugerir melhorias nos procedimentos administrativos, se possível em conjunto com outros sócios e por escrito, considerando possíveis demoras na prestação dos serviços, excesso de documentos, assinaturas, protocolos etc.;
- evitar votar em candidatos que sempre se revezam ora nos cargos de direção, ora no Conselho Fiscal, principalmente naqueles comprometidos com gestões anteriores e naqueles que tentam impedir qualquer mudança ou melhoria nos serviços da cooperativa, ou ainda em candidatos comprometidos com eleições possivelmente viciadas pelo voto de menos da metade mais um dos sócios inscritos na cooperativa;

- exigir uma *assembléia geral extraordinária* sempre que a direção ultrapassar os limites de sua função previstos no Estatuto Social;
- exigir da direção a implantação e funcionamento imediato do Comitê Educativo da cooperativa, visando à *educação* dos associados em *doutrina* e *gestão de cooperativas*;
- fiscalizar os atos da direção, comparando-os sempre com a missão, os objetivos e as políticas gerais da cooperativa constantes no Estatuto Social;
- discutir com outros associados o tipo de profissional apto a ingressar na cooperativa e, na Assembléia Geral dos Sócios, estabelecer os critérios para admissão de sócios;
- atentar para a criação ou a extinção de órgãos na cooperativa, a contratação definitiva ou temporária de profissionais pela direção, as formas contratuais e os valores salariais;
- observar os percentuais determinados para a constituição do capital social da cooperativa, do Fundo de Reserva e do Fundo de Assistência Técnica, Educacional e Social (Fates), os honorários da direção e a cédula de representação (pró-labore ou espécie de gratificação financeira para os participantes de reuniões do Conselho Fiscal, não constituindo salário) dos conselheiros fiscais;
- denunciar ao Conselho Fiscal ou, se necessário, em reunião da Assembléia Geral dos Sócios, se possível em grupo e por escrito, qualquer irregularidade na cooperativa: erro (*o falso sentido de alguma coisa*), dolo (*a utilização de algum artifício para induzir alguém a praticar um ato*), fraude (*engano malicioso de má-fé para ocultar a verdade ou o cumprimento do dever*) ou simulação (*mascaramento da verdade, dando direitos às pessoas contrários àqueles que realmente deveriam ser dados*), ou violação do Estatuto Social e, persistindo o problema, exigir a punição dos envolvidos, mediante a abertura de processo civil criminal.

VEJA no Apêndice, no exemplo de Estatuto Social, nos *arts. 5º e 6º*, como adaptar e redigir normas e/ou regulamentos sobre direitos e deveres dos associados nas reuniões da Assembléia Geral dos Sócios. Nos *arts. 7º e 8º*, como adaptar e redigir outras responsabilidades dos associados na cooperativa. Nos *arts. 17 a 26*, como adaptar e redigir normas e/ou regulamentos para convocar uma reunião da Assembléia Geral dos Sócios e as respectivas competências, conforme os tipos de assuntos a serem tratados. Nos *arts. 27 e 28*, como adaptar e redigir as atribuições ou competências gerais tanto da Assembléia Geral Ordinária quanto da Assembléia Geral Extraordinária. Nos *arts. 58 a 60*, como adaptar e redigir normas e/ou regulamentos para a dissolução e a liquidação da cooperativa, como competência da Assembléia Geral Extraordinária.

Conselho Fiscal

Problemas mais comuns envolvendo os associados e os conselheiros fiscais no Conselho Fiscal:

- Desconhecer ou negligenciar a função fiscal, permitindo à direção, no Conselho de Administração, tomar decisões comprometedoras dos objetivos da associação.

> **POR EXEMPLO**
>
> Nas cooperativas do sistema Fecotrigo, constatou-se que as atividades do Conselho Fiscal se resumiam aos aspectos contábeis e financeiros, isto é, descuidava-se da avaliação do desempenho do Conselho de Administração, conforme dispunham os objetivos e as políticas acertadas na Assembléia Geral dos Sócios.[16]

- Participar da Assembléia Geral dos Sócios enquanto membro do Conselho Fiscal apenas para aprovar relatórios administrativos apresentados pela direção.

> **POR EXEMPLO**
>
> Estudos têm demonstrado que as atividades do Conselho Fiscal, principalmente as ligadas a auditorias, não passam de mera homologação ou aprovação de relatórios administrativos.[17]

[16] Benetti (1982).
[17] Eschenburg (1986).

- Enfraquecer a função fiscal, mediante aliança coorporativa com a direção, comprometendo a apuração de possíveis irregularidades administrativas.

> **POR EXEMPLO**
>
> Levantamentos realizados pelo Ministério da Agricultura/Suplan/Planave concluíram que 43,8% dos associados das regiões Sul e Sudeste e 65% da Região Nordeste justificaram o não-comparecimento às reuniões da Assembléia Geral dos Sócios alegando desconhecimento das reuniões. Outros 27,7% nas regiões Sul e Sudeste e 8% na Região Nordeste alegaram que não tinham interesse em participar porque isso não mudaria nada na cooperativa; em outras palavras, rotineiramente, quem decide nas cooperativas é um grupo formado por uma minoria de sócios que se revezam nos cargos diretivos da cooperativa.[18]

- Exercer cargo no Conselho Fiscal da cooperativa e também uma atividade externa, de cujos trabalhos, bens de produção etc. a cooperativa dependa comercialmente; ou, paralelamente, exercer cargo público, facilitando possíveis contratos superfaturados etc.

> **POR EXEMPLO**
>
> Na Cooperativa Agropecuária da Região de Casa Branca (Coapécab), no interior do estado de São Paulo, determinado sócio, ao mesmo tempo que ocupava um cargo na direção do Conselho de Administração, também exercia um cargo público na prefeitura local, prática proibida pelo Estatuto Social da cooperativa.[19]

- Permitir benefícios extras na cooperativa a determinados grupos de sócios.

> **POR EXEMPLO**
>
> Pesquisas têm demonstrado que a participação nos bens e serviços da cooperativa é proporcionalmente maior no caso daquelas pessoas que antes de ingressarem na cooperativa já usufruíam de certas condições econômicas e sociais favoráveis.[20]

---

[18] Ministério da Agricultura/Suplan/Planave (1977).

[19] Crúzio (1994).

[20] Schneider (1991).

- Desconhecer os regulamentos estatutários ou da legislação cooperativista e dar pouca importância à interpretação e à prática dos princípios básicos do cooperativismo.

POR EXEMPLO

Problemas como este surgem a partir de uma contradição entre a doutrina cooperativista democrática e a participação efetiva dos sócios nas decisões. Constatou-se que os regulamentos estatutários são violados ou ignorados ou, quando formalmente observados, não conseguem promover a participação efetiva dos associados.[21]

- Revezar certos associados seguidamente, ora nos cargos do Conselho Fiscal, ora nos cargos do Conselho de Administração da cooperativa, sobretudo se as eleições e as nomeações são viciadas com o voto de menos da metade mais um dos associados inscritos na cooperativa.

POR EXEMPLO

No período de 14 anos de existência da Cooperativa Agropecuária da Região de Casa Branca (Coapecab), no interior do estado de São Paulo, evidenciou-se a permuta entre sócios de determinado grupo, ora nos cargos da direção, ora nos cargos da fiscalização, por 10 anos consecutivos.[22]

- Depender da direção para a liberação dos recursos financeiros necessários à contratação de auditorias externas, o que compromete a independência e a isenção fiscal.

POR EXEMPLO

A análise dos processos de controle e de fiscalização de algumas cooperativas do sistema Fecotrigo constatou que, devido à dependência financeira do Conselho Fiscal, às vezes os serviços de auditoria e consultoria não tinham a necessária independência e isenção para permitir pareceres e juízos críticos, especialmente quando ocorriam distorções administrativas e financeiras.[23]

---

[21] Paas (1974).
[22] Crúzio (1994).
[23] Auozani (1989).

Alternativas para os associados nas reuniões do Conselho Fiscal:

- Associados em geral:
  - evitar indicar ou formar chapa para concorrer a cargos do Conselho Fiscal com associados sem a mínima experiência em contas gerais da cooperativa e que não conheçam bem os princípios básicos do cooperativismo, o Estatuto Social e a legislação cooperativista;
  - evitar indicar associados para o Conselho Fiscal que vejam na cooperativa apenas um "bico" ou que sempre se revezem ora nos cargos do Conselho Fiscal, ora nos da direção, principalmente se eleitos pelo voto viciado de menos da metade mais um dos sócios;
  - exigir da Assembléia Geral dos Sócios que os novos sócios eleitos para os cargos do Conselho Fiscal dêem continuidade a auditorias sobre possíveis irregularidades iniciadas pelos conselheiros fiscais anteriores.
- Associados eleitos para o Conselho Fiscal:
  - procurar conhecer possíveis queixas, insatisfações etc. dos associados, relacionadas com os serviços prestados pela cooperativa, antes mesmo de ser procurado, apurar os fatos e exigir da direção soluções imediatas;
  - reunir a Assembléia Geral Extraordinária sempre que a direção extrapolar suas funções e o Estatuto Social, pondo em risco a economia geral da cooperativa;
  - denunciar em Assembléia Geral Extraordinária possíveis desvios da direção, considerando a missão, os objetivos e as políticas estatutárias da cooperativa;
  - dar continuidade às auditorias iniciadas pelos conselheiros fiscais anteriores, apurando irregularidades e exigindo que sejam sanadas pela direção;
  - acompanhar o desempenho do Comitê Educativo e cobrar da direção aprimoramentos, considerando a qualidade do treinamento prestado aos associados em *doutrina* e *gestão de cooperativas*;

- acompanhar o encaminhamento do *edital de convocação* da Assembléia Geral dos Sócios, considerando os prazos mínimos para expedição previstos estatutariamente;
- apurar possíveis irregularidades nas operações gerais da cooperativa e, comprovado erro (*o falso sentido de alguma coisa*), dolo (*a utilização de algum artifício para induzir alguém a praticar um ato*), fraude (*engano malicioso de má-fé para ocultar a verdade ou o cumprimento do dever*), simulação (*mascaramento da verdade, dando direitos às pessoas contrários àqueles que realmente deveriam ser dados*), ou transgressão do Estatuto Social, exigir as punições previstas na Lei nº 5.764/71 ou processo civil criminal.

VEJA no Apêndice, no exemplo de Estatuto Social, no *inciso VIII do art. 29*, como adaptar e redigir a atribuição da reunião da Assembléia Geral Extraordinária de solicitar ou exigir o cumprimento da função fiscal do Conselho Fiscal, inclusive destituí-lo em caso de omissão, isto é, de algum descuido ou irresponsabilidade no que se refere à fiscalização da cooperativa. Nos *arts. 38, 39 e 40*, como adaptar e redigir os critérios para a formação do Conselho Fiscal, assim como os critérios para o mandato, a renovação dos conselheiros e as eleições, tanto para a formação da chapa de associados, quanto para os cargos. No *§5º do art. 39*, como adaptar e redigir normas e/ou regulamentos obrigando os novos conselheiros eleitos a dar prosseguimento às auditorias iniciadas pelos conselheiros fiscais que os antecederam. No *art. 41*, como adaptar e redigir as atribuições do Conselho Fiscal. No *inciso IX do art. 41*, como adaptar e redigir normas atribuindo responsabilidade e autoridade ao Conselho Fiscal para checar as decisões e ações da direção, e sugerir punições no caso de irregularidades. Nos *arts. 42 a 49*, como adaptar e redigir normas e/ou regulamentos para a eleição do Conselho Fiscal.

Conselho de Administração

Problemas mais comuns envolvendo os associados e os conselheiros no Conselho de Administração:

- Distanciar os associados das decisões maiores e de interesse geral da associação, mediante entraves administrativos ao atendimento direto deles.

POR EXEMPLO

Estudos sobre as cooperativas do Rio Grande do Sul revelaram que, enquanto uma cooperativa constituía uma estrutura de profissionais, o contato pessoa a pessoa era substituído pelo contato funcional e impessoal, principalmente nas relações com os dirigentes, que ocorriam esporadicamente.[24]

- Utilizar os cargos de direção para discriminar associados no que diz respeito aos benefícios gerais da cooperativa, sobretudo por questões políticas internas e externas à cooperativa.

POR EXEMPLO

Nas cooperativas agrícolas da Região Nordeste, foi constatado que os associados com renda mais elevada tendem a receber serviços maiores, principalmente quanto a assistência técnica, empréstimos financeiros e uso de equipamentos.[25]

- Tomar decisões além das atribuições estatutárias da direção e pôr em risco o patrimônio da cooperativa assumindo atividades que não domina ou que não tem o conhecimento necessário para desenvolver, juntamente com a atividade principal da cooperativa.

POR EXEMPLO

Segundo o presidente da Cooperativa Agropecuária Mista de Canarana Ltda., no estado de Mato Grosso, a crise na associação deveu-se à má administração. A cooperativa se endividou para montar uma rede de supermercados, uma revenda de peças de tratores e de máquinas agrícolas, desviando-se de sua atividade principal, ligada à produção da cana. Além disso, levou os cooperados a venderem suas terras a qualquer preço para saldar suas dívidas internas. Em 3-7-1993 a cooperativa se encontrava com data marcada para ser liquidada e fechadas.[26]

---

[24] Barreto (1980).
[25] Rios (1976).
[26] *Folha de S. Paulo* (1993).

- Submeter o associado às práticas lucrativas das empresas comuns.

> **POR EXEMPLO**
>
> No estado do Paraná, constatou-se que os produtores são obrigados a esperar em média 20 dias, após a entrega do produto na cooperativa, para receber sem correção o que deveria ser pago à vista ao associado. Por outro lado, quando o mesmo produtor compra insumos, como fertilizantes, adubos etc., a cooperativa estipula um prazo para ele saldar a dívida, pagando juros diários.[27]

- Desvirtuar as funções de doutrina e gestão de cooperativas do Comitê Educativo.

> **POR EXEMPLO**
>
> Levantamentos realizados nos departamentos de comunicação e educação de inúmeras cooperativas do Rio Grande do Sul constataram que, a pretexto de fazer o associado participar mais, a direção e os administradores contratados querem, prioritariamente, que o associado entregue mais produção à cooperativa e use mais seus diversos serviços.[28]

- Elaborar o *edital de convocação* da Assembléia Geral dos Sócios com pautas de interesse exclusivo da direção e convocar as reuniões às pressas, impossibilitando a compreensão e a discussão dos assuntos pelos associados.

> **POR EXEMPLO**
>
> Pesquisas têm demonstrado que a maioria dos associados das cooperativas brasileiras não está devidamente informada, ou não tem condições profissionais e técnicas para aquilitar até que ponto as decisões tomadas pelos executivos são efetivamente do seu interesse.[29]

---

[27] Tibúrcio (1993).
[28] Schneider (1991).
[29] Eschenburg (1986) e Crúzio (1994).

- Conceder os benefícios gerais da cooperativa de modo a privilegiar determinados sócios, impondo quotas diferenciadas de produção, comercialização ou prestação de serviços.

> **POR EXEMPLO**
>
> Na Cooperativa Tritícola de Juí, no estado do Rio Grande do Sul, foi constatado, no início dos anos 1980, que apenas 0,1% dos 1.300 sócios tinha capital integralizado superior a Cr$150 mil, enquanto o capital de outros 9,9% somava em torno de Cr$5 mil.[30]

- Atribuir elevados valores aos honorários da direção e aos salários dos profissionais contratados, sem submeter essa decisão à discussão da Assembléia Geral dos Sócios.

> **POR EXEMPLO**
>
> Segundo depoimento do presidente da Sociedade Rural do Paraná: "é ilusão pensar que os setores administrativos estão saneados (...) enquanto, na área privada, um excelente administrador de empresas não tem vencimentos mensais acima de US$3 mil, diretores das cooperativas chegam a pró-labores superiores a US$5 mil; enquanto isso, o associado, que se tornou por força das circunstâncias um dependente passivo da organização, assiste à falência de um sistema que foi criado justamente para atendê-lo".[31] Situação semelhante ocorreu com a Cooperativa Agrícola de Cotia (CAC), onde se pagavam salários de quase US$15 mil aos membros da diretoria.[32]

- Permitir o ingresso de pessoas na cooperativa cujos interesses na produção, na comercialização ou na prestação de serviços sejam totalmente opostos ou desfavoráveis, econômica e financeiramente, aos do grupo.

---

[30] Muller (1981).
[31] Tibúrcio (1993).
[32] *Folha de S. Paulo* (1993).

Por Exemplo

Estudo realizado nas cooperativas do Rio Grande do Sul constatou que a maioria ingressa na associação para utilizar algum tipo de serviço ou vantagem, não por vê-la como forma organizada de cooperação, mas em virtude de seu imediatismo econômico.[33]

- Assumir contratos de riscos econômicos com terceiros em nome da cooperativa sem consultar a Assembléia Geral dos Sócios, expondo as finanças, os bens etc. da cooperativa às regras de fornecedores, instituições financeiras etc.

Por Exemplo

Em análise do desenvolvimento da Cotrijuí, Cotrisa e Fecotrigo, o processo de autonomização da empresa cooperativa em relação aos associados-produtores teve como condição a perda de representatividade da Assembléia Geral dos Sócios e o estreitamento das relações de certos associados, principalmente do corpo diretivo, com o capital bancário.[34]

Alternativas para os associados nas reuniões do Conselho de Administração:

- Associados em geral:
    - votar e eleger chapa de associados cujos candidatos conheçam, pelo menos, os princípios básicos do cooperativismo, o Estatuto Social e a legislação cooperativista;
    - verificar a amplitude das decisões da direção e compará-las com as atribuições previstas para a função, considerando possíveis abusos de poder, desvios etc.;
    - solicitar, por escrito, da direção ou dos conselheiros fiscais informações sobre os negócios gerais da cooperativa e, no mês que anteceder a reunião da Assembléia Geral dos Sócios, consultar, na sede da socie-

[33] Tabliapietra (1979).
[34] Benetti (1982).

dade, o *livro de matrícula* de associados, as *atas* das reuniões, as peças do *balanço anual*, a documentação decorrente dos negócios gerais da cooperativa e tudo o que for necessário para esclarecer possíveis dúvidas dos associados.

- Associados eleitos para o Conselho de Administração:
  - procurar meios administrativos para reunir o número máximo de associados nas reuniões da Assembléia Geral dos Sócios, especialmente no caso de decisões que envolvam contratos de riscos econômicos para a cooperativa;
  - evitar desenvolver novas frentes de trabalho, produtos etc. que não se domina comercial ou tecnicamente, a fim de garantir economicamente a atividade principal da cooperativa;
  - abandonar outras funções fora da cooperativa antes de ocupar cargos na direção, principalmente quando a atividade exercida tem alguma relação comercial com a cooperativa;
  - conhecer os princípios básicos do cooperativismo e procurar praticá-los no dia-a-dia da cooperativa, bem como o Estatuto Social e a legislação cooperativista;
  - contratar técnicos e/ou especialistas para auxiliar a direção, porém nunca confiar cegamente e entregar toda a gestão da cooperativa a eles;
  - evitar qualquer tipo de tratamento especial a este ou aquele associado, salvo os benefícios previstos pelo princípio da eqüidade produtiva, comercial ou dos serviços prestados, conforme expressos estatutariamente;
  - empregar uma linguagem de fácil entendimento para os associados, sobretudo na apresentação de relatórios administrativos, e explicar item por item as contas, os registros, os contratos etc., tirando possíveis dúvidas na Assembléia Geral dos Sócios;
  - fazer constantes consultas aos associados quanto à satisfação com os serviços da cooperativa e, quando houver queixas, sugestões etc., colocá-las na pauta do edital de convocação para serem discutidas e examinadas as possíveis alternativas na Assembléia Geral dos Sócios;
  - alertar e conscientizar todos os associados sobre os resultados negativos das decisões não-representativas na Assembléia Geral dos Sócios,

principalmente quando tomadas com base no voto viciado de menos da metade mais um dos sócios inscritos na cooperativa;

- evitar qualquer tipo de aquisição de bens de produção, consumo ou de serviços cujo fornecedor externo se encontre direta ou indiretamente ligado a cargos da direção;
- manter contatos com outras cooperativas do mesmo ramo de atividade, visando à troca de experiências e/ou informações de interesse mútuo, à fusão, à incorporação etc.;
- providenciar a implantação do Comitê Educativo, renovando os programas de educação em doutrina e gestão de cooperativas dos associados e seus familiares;
- estabelecer contatos com universidades públicas ou privadas e com organizações não-governamentais envolvidas em questões de organização e administração de cooperativas, visando a convênios, parcerias etc. relacionados com as atividades ou operações dos associados.

VEJA no Apêndice, no exemplo de Estatuto Social, no *art. 30*, como adaptar e redigir critérios para que a reunião da Assembléia Geral dos Sócios promova as eleições do Conselho de Administração e, no *art. 31*, os critérios para controlar e/ou impedir a candidatura dos sócios inelegíveis ou que não podem concorrer aos cargos da direção, no Conselho de Administração, por acumularem cargo no serviço público ou por outros impedimentos previstos no Estatuto Social. No *§2º do art. 31*, como adaptar e redigir critérios para advertir e/ou punir membros da direção, no Conselho de Administração, em casos de descumprimento do Estatuto Social da cooperativa e, no *§3º*, como adaptar e redigir normas e/ou regulamentos para garantir o direito de denúncia dos associados ao constatarem algum tipo de irregularidade, possivelmente cometida por membros da direção, no Conselho de Administração. No *art. 32*, como adaptar e redigir critérios para que o Conselho de Administração dirija seus próprios trabalhos sem extrapolar os limites de sua função. No *art. 33*, como adaptar e redigir critérios para limitar as decisões e ações do Conselho de Administração, e *em especial o inciso XVIII do §1º*, onde são estabelecidas as decisões que envolvem a aplicação de recursos financeiros da cooperativa na compra de materiais de escritório, bens de produção ou de consumo, em pagamentos a fornecedores etc. No *art. 34*, como adaptar e redigir os limites da função do presidente da cooperativa; no *art. 35*, os limites da função de diretor da cooperativa; no *art. 36*, os limites da função do secretário ou do tesoureiro da cooperativa. E no *art. 37*, como adaptar e redigir as atribuições gerais dos membros suplentes do Conselho de Administração. Nos *arts. 42 a 49*, como adaptar e redigir normas e/ou regulamentos para as eleições dos cargos da direção, no Conselho de Administração.

Pesquisas efetuadas nas cooperativas agropecuárias e agroindustriais brasileiras têm revelado uma certa falta do profissionalismo necessário ao gerenciamento dos recursos gerais dessas associações. Além de causar os *problemas organizacionais* discutidos nos capítulos anteriores, essa deficiência administrativa também tem contribuído para a falência de um grande número dessas associações.

Autogestão, portanto, não significa que os associados devam exercer todas as atividades e/ou operações da cooperativa, ou seja, todas as funções operacionais técnicas e/ou administrativas especializadas, particularmente aquelas que exigem um grau mínimo de conhecimento técnico e/ou especializado. Além disso, os associados normalmente devem dedicar grande parcela de seu tempo a outras atividades, alheias à cooperativa.

Nas *cooperativas agrícolas*, por exemplo, os associados, enquanto agricultores, dedicam-se às tarefas e/ou atividades de suas próprias propriedades. Neste caso, os associados praticarão a *autogestão* ocupando os cargos de direção do Conselho de Administração e os cargos fiscais do Conselho Fiscal da cooperativa, deixando as funções operacionais técnicas (carga e descarga de mercadorias, estocagem da produção etc.) e/ou administrativas especializadas (contabilidade gerencial, administração de pessoal etc.) da cooperativa sob a supervisão e responsabilidade de profissionais contratados para essas funções.

Haverá casos, como os das *cooperativas de trabalho*, em que os próprios associados exercerão tanto as funções operacionais técnicas e/ou especializadas administrativas quanto a direção da cooperativa. São exemplos disso as *cooperativas de segurança patrimonial*, nas quais os próprios associados exercem as atividades operacionais técnicas de segurança e a fiscalização geral da cooperativa, nos cargos do Conselho Fiscal, e as *cooperativas de estivadores*, nas quais os associados exercem as atividades técnicas operacionais de carga e descarga e a direção da cooperativa nos cargos do Conselho de Administração. Por outro lado, as funções administrativas especializadas decorrentes de transações comerciais com terceiros podem ficar sob a supervisão e a responsabilidade de especialistas contratados.

CAPÍTULO 8

Expansão vertical e horizontal das cooperativas: vantagens e desvantagens

Expansão vertical

Expandir verticalmente as operações ou atividades de uma cooperativa significa ingressar em outra atividade ou operação que seja totalmente dependente da atividade principal.

EXEMPLO

Uma cooperativa formada por profissionais sapateiros que, além de comprar e vender a produção de calçados de seus associados, também produz e comercializa vários produtos derivados do couro, como bolsas, cintos, capas etc.

A *principal vantagem* do crescimento vertical é que as cooperativas podem aproveitar a mesma matéria-prima, os mesmos maquinários, a mesma mão-de-obra, o mesmo espaço físico etc., reduzindo com isso os custos com contratação de mão-de-obra, compra de novas máquinas etc.

A *principal desvantagem* do crescimento vertical é a comercialização de uma única linha de produto e a dependência de um único mercado, sujeito a mudanças de preferências dos consumidores, alterações de preços, restrições de matérias-primas, controles governamentais etc.

Expansão horizontal

Expandir horizontalmente as operações ou atividades de uma cooperativa é ingressar em outra atividade ou operação totalmente diferente da atividade principal da cooperativa, em especial quando se esgotam as possibilidades de crescimento vertical.

EXEMPLO

Uma cooperativa formada por profissionais sapateiros que, além de comprar e vender a produção de calçados de seus associados, também comercializa papelão, vasilhames diversos, materiais metálicos etc. para reciclagem.[35]

A *principal vantagem* do crescimento horizontal é a compensação de uma atividade economicamente fraca da cooperativa com outras que tenham melhores condições de comercialização e venda no mercado.

A *principal desvantagem* é a prática de diversas atividades ao mesmo tempo, sem as condições técnicas, financeiras, infra-estruturais etc. necessárias à comercialização e à venda, o que pode comprometer o objetivo principal da cooperativa a fim de dar conta de outras operações ou atividades secundárias.

Problemas e alternativas do crescimento vertical e/ou horizontal das cooperativas

Nesse aspecto, os principais problemas das cooperativas são:

- crescer de forma desordenada e executar diferentes operações ou atividades, comprometendo a qualidade dos produtos ou dos serviços prestados a terceiros e elevando os custos em virtude de desperdícios, devolução de produtos etc.;
- ingressar em diferentes atividades comerciais sem que os associados tenham o devido preparo técnico e/ou operacional, o que compromete a eficiência (*serviço bem-feito*) e a eficácia (*serviço bem-feito, mais rápido e a menor custo*) junto ao mercado consumidor;
- desviar a cooperativa de seu objetivo principal, comprometendo a estabilidade financeira e econômica da associação e de seus associados.

---

[35] Crúzio (1999a) e Ansoff et alii (1981).

EXEMPLO

Na Cooperativa Agropecuária Mista de Canarana Ltda., no estado de Mato Grosso, o presidente admitia que a crise se deveu à má administração. A cooperativa se endividou para montar uma rede de supermercados, além de uma revenda de peças de tratores e de máquinas agrícolas, o que a levou a se desviar de sua atividade principal, inicialmente ligada à produção da cana. Além disso, os cooperados tiveram que vender suas terras a qualquer preço para saldar as dívidas com a cooperativa e com terceiros. Em 3 de julho de 1993, a cooperativa se encontrava com data marcada para ser liquidada e fechada.[36]

Para evitar esses problemas, deve-se:

- investir na atividade principal da cooperativa, levando-se em conta a qualidade dos produtos ou dos serviços prestados, a redução dos custos gerais, o aumento das vendas ou da prestação de serviços a terceiros, bem como a qualidade do atendimento aos consumidores ou tomadores de serviços da cooperativa, conforme pedidos, prazos etc.;
- só ingressar em outra frente de trabalho ou atividade quando a atividade principal da cooperativa estiver garantida financeira e economicamente, e mediante a concordância da Assembléia Geral dos Sócios, com votos de pelo menos a metade mais um dos associados inscritos na cooperativa;
- só abandonar a atividade principal da cooperativa ou expandi-la com o apoio da Assembléia Geral dos Sócios, a fim de discutir e aprovar decisões de mudanças, adaptações etc. com base no voto de pelo menos a metade mais um dos associados inscritos na cooperativa;
- fundir ou incorporar a cooperativa a outras cooperativas da mesma área ou segmento de produtos ou serviços, visando a formar uma federação ou confederação de cooperativas antes de se aventurar em outras operações ou atividades que não se conhece ou domina.

---

[36] *Folha de S. Paulo* (1993).

VEJA no Apêndice, no exemplo de Estatuto Social, no *§5º do art. 26*, como adaptar e redigir normas e/ou regulamentos atribuindo única e exclusivamente à reunião da Assembléia Geral dos Sócios o poder de alterar e/ou ampliar os objetivos de produção ou comercialização dos associados, ou de ingressar em novas frentes de trabalho para os tomadores de serviços da cooperativa.

CAPÍTULO 9

Divisão do trabalho nas cooperativas em função do crescimento

Crescimento vertical: como atribuir tarefas aos associados ou profissionais contratados

Quando ocorre crescimento vertical nas cooperativas, deve-se criar unidades organizacionais de cima para baixo na estrutura, logo abaixo do Conselho de Administração, e atribuir-lhes a respectiva função nas áreas de finanças, produção, comercialização ou de pessoal, assim como o tipo de hierarquia — gerencial, de coordenação, de supervisão ou operacional —, conforme se vê no organograma da figura 3 (capítulo 12).

> **POR EXEMPLO**
>
> Ao órgão incumbido da tarefa de receber a produção dos associados, deve-se atribuir o nome de gerência, coordenação ou supervisão, a fim de representar a função principal de recepção e produção. Logo abaixo da Gerência de Recepção e Produção (GRP), criar subfunções, representadas por seções ou divisões e identificadas conforme as subdivisões dadas à função principal de recepção e produção, como: Seção de Recepção e Produção (SRP). E, ao lado, posicionar a Seção de Classificação da Produção (SCP), a Seção de Beneficiamento da Produção (SBP) e, por fim, a Seção de Acondicionamento e Armazenagem da Produção (SAP).

As pessoas certas para ocupar os cargos desses órgãos devem ter um mínimo de conhecimento de sua função e estar subordinadas a uma única chefia.

O exemplo dado deve ser adaptado a cada tipo de cooperativa, segundo as características de produção, comercialização ou prestação de serviços. Além disso, tanto o número de órgãos quanto o tipo hierárquico destes são determinados pela necessidade das tarefas, atividades ou funções especializadas nos trabalhos gerais da cooperativa.

Crescimento horizontal: como atribuir tarefas aos associados ou profissionais contratados

Já no caso de crescimento horizontal, devem-se criar unidades organizacionais da esquerda para a direita e num único nível hierárquico, logo abaixo do Conselho de Administração, atribuindo-lhes a respectiva função nas áreas de finanças, produção, comercialização ou de pessoal, assim como tipo de hierarquia — gerencial, de coordenação, de supervisão ou operacional —, conforme se vê no organograma da figura 2 (capítulo 11).

> **POR EXEMPLO**
>
> Ao órgão ligado às tarefas de contabilização e finanças dos associados, deve-se atribuir o nome de gerência, coordenação ou supervisão, a fim de representar a função principal da Gerência de Contabilidade e Finanças (GCF).

A pessoa certa para ocupar o cargo do órgão do exemplo acima deve ter um mínimo de conhecimento da função.

O exemplo dado deve ser adaptado a cada tipo de cooperativa, segundo as características de produção, comercialização ou prestação de serviços. Além disso, tanto o número de órgãos quanto o tipo hierárquico destes são determinados pela necessidade das tarefas, atividades ou funções especializadas nos trabalhos gerais da cooperativa.

Problemas e alternativas

Os problemas mais comuns na distribuição de tarefas das cooperativas são:

- distanciar o associado da tomada de decisões, tanto administrativas quanto técnicas, e do controle sobre quem as executa;
- confiar demais nos profissionais contratados e deixar a gestão da cooperativa totalmente a seu cargo, o que possibilita desfalques financeiros, de produtos, de bens de produção e consumo etc., além de desvios nas políticas da cooperativa e nas metas traçadas pela direção, no Conselho de Administração;

- contratar um grande número de profissionais e criar muitos cargos e órgãos, tornando os serviços administrativos lentos, complicados quanto aos resultados e dispendiosos para os associados;
- propiciar discriminação no atendimento, conforme o empregado contratado revele maior aproximação ou interesse por um ou outro associado, e distanciar o associado da direção, no Conselho de Administração, impedindo-o de fazer queixas ou sugestões sobre a qualidade do atendimento etc.;
- favorecer a quebra de hierarquia na cooperativa, com o quadro de empregados contratados passando a mandar mais do que os próprios associados (e donos) da cooperativa;
- elevar os salários dos profissionais contratados e dirigentes, equiparando os valores salariais pagos na cooperativa aos valores salariais pagos pela iniciativa privada.

Por Exemplo

Quanto maior for o número de cargos na estrutura organizacional da cooperativa, tanto maiores serão os salários dos empregados, para ficarem equiparados aos do mercado de trabalho e, conseqüentemente, maiores serão os pró-labores da direção, no Conselho de Administração, para não ficarem abaixo dos salários dos empregados contratados. Pesquisas vêm demonstrando que a maioria desses cargos de gerência, chefia, coordenação, supervisão etc. é normalmente criada para dar emprego a um parente, amigo ou conhecido da direção.[37]

Para evitar todos esses problemas, deve-se:

- contratar o serviço de profissionais externos somente se os associados não tiverem condições técnicas para o serviço ou trabalho especializado, ou se não puderem executá-los por limitações de tempo;
- evitar ao máximo criar funções, cargos e órgãos sem aquilatar as necessidades de serviços ou trabalhos técnicos e/ou administrativos;

---

[37] Crúzio (1994). Ver o depoimento do presidente da Sociedade Rural do Paraná e o exemplo da CAC no capítulo 7, p. 70.

- evitar contratar profissionais com vínculo empregatício, principalmente quando a tarefa a ser executada possibilitar contratos temporários;
- recorrer aos serviços prestados por universidades públicas ou privadas ligadas às questões do cooperativismo, e também a organizações não-governamentais (ONGs) vinculadas a questões do terceiro setor, sobretudo no caso de serviços técnicos operacionais e/ou administrativos especializados não dominados pelos associados e de caráter temporário;
- atribuir a autoridade necessária aos técnicos e/ou especialistas contratados para prestar serviços à cooperativa, limitando-a ao exercício da função e evitando deixar tudo por conta deles;
- acompanhar os serviços realizados por profissionais contratados, verificando o cumprimento das ordens de serviço expedidas pelos órgãos superiores, a qualidade do atendimento prestado aos associados, a honestidade nos negócios efetuados com os associados e com terceiros etc.;
- determinar as atribuições dos possíveis profissionais a serem contratados, por escrito e de modo que os associados tenham acesso a elas e possam saber os graus de autoridade e de responsabilidade conferidos aos cargos;
- submeter à apreciação, à discussão e à aprovação da Assembléia Geral dos Sócios toda e qualquer contratação de profissionais externos, temporários ou permanentes, bem como seus salários, contratos de trabalho etc.

VEJA no Apêndice, no exemplo de Estatuto Social, no *inciso XIII do art. 29*, como adaptar e redigir normas que garantam o rápido acesso dos associados à direção, no Conselho de Administração, para explicações ou providências administrativas. Nos *incisos X e XI do art. 29*, como adaptar e redigir normas limitando os poderes da direção para contratar e arbitrar valores salariais, tanto para cargos da própria direção, no Conselho de Administração, quanto para funcionários contratados. No *inciso XIV do art. 29*, como adaptar e redigir normas e/ou regulamentos resguardando o direito dos associados de questionar ou impedir qualquer decisão ou ação da direção, no Conselho de Administração, ou do quadro gerencial contratado, em caso de descumprimento dos limites financeiros salariais estabelecidos pela Assembléia Geral dos Sócios ou do Estatuto Social da cooperativa. No *inciso XVIII, §1º, do art. 33*, como adaptar e redigir normas e/ou regulamentos limitando os poderes administrativos da direção, no Conselho de Administração. No *inciso XII do art. 41*, como adaptar e redigir normas e/ou regulamentos atribuindo ao Conselho Fiscal a responsabilidade de controlar as decisões e ações da direção, no Conselho de Administração, sobretudo no que diz respeito aos limites financeiros impostos ao exercício de sua função, conforme determinação da Assembléia Geral dos Sócios.

Definidas as hierarquias e a divisão do trabalho nas cooperativas — a quem cabe tomar a decisão final no caso de trabalhos gerais, quem dirige e controla a execução desses trabalhos, quem fiscaliza as decisões e as ações geradas por esses trabalhos, quem coordena a execução e quem supervisiona as tarefas afins —, segue-se o *planejamento*.

Planejar, na cooperativa, significa fazer a estrutura de funções e cargos funcionar em harmonia com a finalidade da associação, e de acordo com a definição das missões econômica, política e social da cooperativa e seus respectivos objetivos, metas e políticas, o que veremos nos próximos capítulos.

CAPÍTULO 10

Planejamento dos crescimentos vertical e horizontal

Para planejar os crescimentos vertical e/ou horizontal nas cooperativas é necessário seguir os seguintes passos:

1. Definir, em reunião da Assembléia Geral dos Sócios, a *missão* geral da cooperativa em termos econômicos, políticos e sociais.

> **POR EXEMPLO**
>
> Suponha que a missão de determinada cooperativa de agricultores é desenvolver a atividade econômica de seus cooperados e garantir um retorno financeiro proporcional à produção que o associado entregou à cooperativa, bem como promover o bem-estar social dele e de seus familiares.

2. Definir, em reunião da Assembléia Geral dos Sócios, os *objetivos* de produção, de comercialização ou de prestação de serviços da cooperativa, em função da missão definida.

> **POR EXEMPLO**
>
> Suponha que o objetivo extraído da missão da cooperativa de agricultores seja atingir pelo menos 50% do mercado de arroz tipo B, da região X, nos dois primeiros anos da nova direção, no Conselho de Administração.

3. Definir, em reunião da direção no Conselho de Administração, as *metas* de produção, de comercialização ou de prestação de serviços extraídas do objetivo geral da cooperativa.

POR EXEMPLO

- Providenciar transporte para receber toda a produção de arroz tipo B de todas as unidades de produção dos associados;
- beneficiar, acondicionar e armazenar toda a produção de arroz tipo B dos associados;
- fornecer materiais e equipamentos para a produção de arroz tipo B de todos os associados;
- fornecer adubos, fertilizantes e outros insumos para os associados envolvidos com a produção de arroz tipo B.

4. Definir, em reunião da Assembléia Geral dos Sócios, as *políticas* que nortearão as deliberações da direção, no Conselho de Administração, com relação às metas de produção, de comercialização ou de prestação de serviços, assim como o controle por parte dos conselheiros do Conselho Fiscal, sobretudo no que se refere à coerência das metas com os objetivos de produção, comercialização ou prestação de serviços.

POR EXEMPLO

- Comprar toda a produção de arroz tipo B dos associados, desde que estejam em dia com suas obrigações para com a cooperativa, pagando-lhes preços à vista e competitivos em relação aos de mercado, e providenciar transporte para receber a produção de todas as unidades de produção dos associados;
- priorizar o beneficiamento, o acondicionamento e a armazenagem do arroz tipo B de todos os associados, desde que estejam em dia com suas obrigações para com a cooperativa;
- vender toda a produção de arroz tipo B a terceiros, a preços competitivos em relação aos de mercado;
- fornecer bens de produção e de consumo a todos os associados, a preços, quantidades, qualidade e prazos competitivos em relação aos de mercado, desde que estejam em dia com suas obrigações para com a cooperativa e envolvidos na produção de arroz tipo B.

Definidos a missão, os objetivos, as metas e as políticas da cooperativa, seguem-se as implementações: o levantamento das disponibilidades de recursos financeiros da cooperativa; das necessidades de infra-estrutura, como transporte, materiais e equipamento; e das necessidades de mão-de-obra operacional, técnica e administrativa especializada.

POR EXEMPLO

Numa cooperativa de agricultores, enumera-se inicialmente a capacidade de produção por alqueire, ou melhor, a potencialidade de cada unidade de produção dos associados. Em seguida, faz-se o levantamento das necessidades de transporte, maquinário e equipamentos para o acondicionamento e a armazenagem da produção de grãos. Tudo isso em função dos objetivos econômicos e das metas quantificadas para a produção de arroz tipo B no ano X, bem como em relação aos custos fixos pertinentes aos investimentos de capital em novas instalações industrial e administrativa.

Problemas e alternativas

Quando não há planejamento, os problemas mais comuns nas cooperativas são:

- começar um trabalho para produzir algo ou firmar um contrato para prestar um serviço a terceiros sem levantar as disponibilidades de recursos financeiros, materiais etc., comprometendo os prazos dos contratos, a quantidade de mercadorias encomendadas etc.;
- visar apenas ao volume das vendas ou dos serviços, a fim de cobrir os custos gerais, pondo em segundo plano o atendimento das necessidades e/ou dos interesses dos consumidores e perdendo em qualidade e em competitividade comercial;
- comprar matéria-prima, materiais etc. além do necessário para produzir algo ou para prestar determinado serviço a terceiros, desperdiçando recursos e aumentando os custos gerais da cooperativa, bem como diminuindo a produtividade e tornando o produto ou serviço cada vez menos competitivo em relação aos de mercado;

- abrir novas frentes de produção ou de prestação de serviços, não previstas na *missão*, nos *objetivos* da cooperativa e que estão acima da capacidade técnica ou da habilidade profissional dos associados, comprometendo a atividade ou a operação principal da cooperativa;
- expandir as operações ou atividades gerais da cooperativa exclusivamente com empréstimos financeiros de terceiros, sujeitando a autonomia da cooperativa às regras de instituições bancárias e de outros tipos, acumulando débitos com fornecedores e provocando a penhora dos bens da associação e até mesmo dos associados.

As alternativas são:

- definir a *missão*, os *objetivos*, as *metas* e as *políticas* da cooperativa, mantendo *certa coerência em relação aos meios e fins*, isto é, para cada meta de produção, definir uma política correspondente, ajustada ao objetivo proposto;
- definir a *missão* e os *objetivos* da cooperativa a longo prazo, isto é, aqueles a serem atingidos em pelo menos um ano, correspondente ao exercício anual;
- rever e reformular a *missão*, os *objetivos* e as *políticas* da cooperativa tão logo as *metas* sejam alcançadas, a médio e curto prazos, em relação ao exercício anual.

VEJA no Apêndice, no exemplo de Estatuto Social, nos *arts. 2º e 3º*, como adaptar e redigir a missão da cooperativa de modo coerente com os objetivos, as metas e as respectivas políticas para a direção, no Conselho de Administração, e para a fiscalização e o controle dos conselheiros do Conselho Fiscal da cooperativa.

Como se viu, é imprescindível planejar as atividades e/ou operações das cooperativas, porque, é com base no desempenho obtido no exercício anterior que se prevêem, para o ano seguinte, os crescimentos horizontal e vertical da comercialização, da produção ou da prestação de serviços, paralelamente às necessidades funcionais técnicas e/ou especializadas, de novos materiais, novos equipamentos, de expansão da infra-estrutura física etc.

Para assegurar a continuidade e a estabilidade econômica e política da associação, é ainda de fundamental importância que os associados participem das decisões relativas à execução do que foi planejado, conforme suas diferentes funções na coooperativa, isto é, participem nas finanças, na produção, na comercialização e no gerenciamento de pessoal.

CAPÍTULO 11

Área contábil e financeira: especialização e autogestão

Especialização

Para especializar a função da área contábil e financeira das cooperativas, devem-se dar os seguintes passos:

1. Identificar todas as tarefas administrativas, técnicas ou especializadas, ligadas à área contábil e financeira e agrupá-las numa única função.
2. Desmembrar todas essas tarefas da função contábil e financeira e depois agrupá-las por subfunções, como contas a receber, contas a pagar, fluxo de caixa etc.

> **POR EXEMPLO**
>
> No organograma da figura 2, atribui-se à função principal contábil e financeira a sigla GCF — Gerência Contábil e Financeira —, órgão subordinado à direção, no Conselho de Administração.

Ao profissional contratado ou ao associado eleito para exercer a função contábil e financeira na GCF devem caber as seguintes atribuições administrativas:

1. Levantar os custos fixos dos serviços de manutenção geral dos maquinários da cooperativa.

> **POR EXEMPLO**
>
> Numa cooperativa de agricultores, levantar os custos fixos de manutenção dos maquinários, o que envolve desde a recepção da produção dos associados entregue na cooperativa até a classificação, o beneficiamento e o acondicionamento da produção.

2. Levantar os custos variáveis decorrentes dos salários pagos aos trabalhadores contratados temporariamente para executar os serviços gerais da cooperativa.

POR EXEMPLO

Numa cooperativa de rizicultores, levantar os custos variáveis dos trabalhos de carga e descarga das sacas de arroz dos associados que são recebidas nas dependências da cooperativa.

3. Analisar e comparar as vantagens econômicas de contratar empregados temporariamente, ou de adquirir maquinário apropriado para as tarefas de receber, classificar, beneficiar e acondicionar a produção entregue pelos associados nas dependências da cooperativa.

POR EXEMPLO

O técnico ou especialista contratado, empregando uma linguagem de fácil compreensão para os associados, deve explicar, na reunião da Assembléia Geral dos Sócios, que a contratação de empregados pode reduzir os custos fixos com manutenção de maquinário; mas, quanto mais se aumentar a produção na cooperativa e mais se contratar empregados, mais aumentarão os custos variáveis, devido aos elevados encargos trabalhistas, o que pode chegar a comprometer até as sobras líquidas ou lucros líquidos dos associados.

Deve explicar também que, por outro lado, a alternativa de adquirir o maquinário pode aumentar os custos fixos a curto prazo, mas, a longo prazo, pode proporcionar maior retorno econômico nas sobras líquidas ou lucros líquidos dos associados, pela redução dos custos variáveis, propiciada pelo aumento do volume de produção.[38]

[38] Crúzio (1999a) e Harding (1981).

Autogestão

Passos a seguir para praticar a autogestão na função da área contábil e financeira (ver rotinas na figura 2):

1. Elaborar o plano de investimento da produção e submetê-lo à análise operacional e à deliberação da direção, no Conselho de Administração.

2. Submeter o plano de investimento da produção à discussão e à decisão final da Assembléia Geral dos Sócios.

3. Autorizar a direção, no Conselho de Administração, a implantar o plano de investimento da produção, sob a forma de políticas.

4. Autorizar a GCF a executar o plano de investimento da produção, sob a forma de programas.

Veja no Apêndice, no exemplo de Estatuto Social, no *inciso XVIII do art. 33*, como adaptar e redigir normas e/ou regulamentos para fixar ou delimitar a autoridade necessária ao desempenho da função deliberativa da direção, no Conselho de Administração, a fim de evitar constantes reuniões da Assembléia Geral dos Sócios.

Figura 2

Participação do associado nas decisões sobre onde e como investir os recursos da cooperativa, envolvendo a Assembléia Geral dos Sócios, o Conselho de Administração e o profissional, contratado ou associado, treinado para a GCF

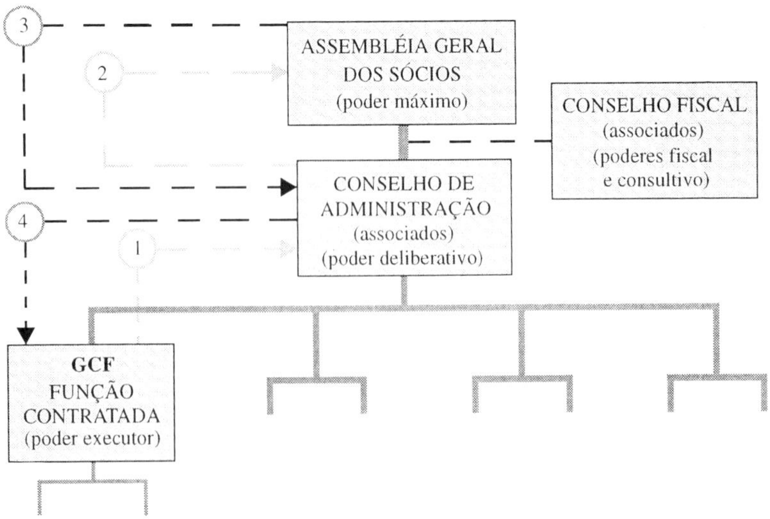

(1) Elaborar plano de investimento da produção e submetê-lo à análise do Conselho de Administração.

(2) Submeter plano de investimento da produção à discussão e à decisão final da AGS.

(3) Autorizar o Conselho de Administração a implantar o plano de investimento da produção, como política.

(4) Autorizar a GCF a executar o plano de investimento da produção, como programas.

Obs.: os fluxos das decisões no organograma seguem as especificações abaixo:

Fluxo de informação ascendente (processos decisórios de resultado e controle).

Fluxo de informação descendente (processo decisório-fim).

CAPÍTULO 12

Área de recepção e produção: especialização e autogestão

Especialização

Para especializar a função da área de recepção e produção, devem-se dar os seguintes passos:

1. Identificar e determinar as localidades para recepcionar a produção dos associados, considerando a área de abrangência comercial da cooperativa.
2. Identificar todas as tarefas relacionadas com a recepção e com a produção dos associados, agrupando-as na função de recepção e produção, conforme o organograma da figura 3.
3. Dividir todas as tarefas da função principal de recepção e produção dos associados por subfunções.

POR EXEMPLO

Numa cooperativa de agricultores, dividir a função principal de recepção e produção, executada pela Gerência de Recepção e Produção (GRP), pelas subfunções de recepção, classificação, beneficiamento, acondicionamento e armazenagem do produto final, agrupando-as nas seções de Recepção e Produção (SRP), de Classificação da Produção (SCP), de Beneficiamento da Produção (SBP), de Acondicionamento e Armazenagem da Produção (SAP), como demonstrado no organograma da figura 3.

Ao profissional contratado ou ao associado eleito para exercer a função de recepção e produção na GRP cabe as seguintes atribuições administrativas:

1. Explicar, em reunião da Assembléia Geral dos Sócios e mediante autorização da direção, no Conselho de Administração, a possibilidade de se des-

centralizar a autoridade concedida às subfunções de recepção, classificação, beneficiamento, acondicionamento e armazenagem do produto final.

POR EXEMPLO

Numa cooperativa de agricultores, designar um supervisor para cada Seção de Recepção e Produção (SRP), distribuindo-as pelas diversas regiões de abrangência comercial da cooperativa. Essas seções podem ficar subordinadas à Gerência de Recepção e Produção (GRP). Neste caso, o profissional designado para a Gerência de Recepção e Produção deve explicar aos associados a vantagem de um supervisor exercer o controle das tarefas no próprio local de recepção e produção dos associados, e a desvantagem de distanciar o controle da direção, no Conselho de Administração, situação que pode favorecer desvios nas metas de recepção e produção estabelecidas pela Assembléia Geral dos Sócios.

2. Explicar, em reunião da Assembléia Geral dos Sócios e mediante autorização da direção, no Conselho de Administração, a possibilidade de centralizar a autoridade da função principal de recepção e produção na Gerência de Recepção e Produção (GRP).[39]

POR EXEMPLO

Numa cooperativa de agricultores, pode-se designar apenas um supervisor, que trabalharia na sede da cooperativa, subordinado diretamente à autoridade da Gerência de Recepção e Produção (GRP). Esse supervisor poderia se deslocar, temporariamente, para os diversos municípios ou regiões de abrangência comercial da cooperativa. Essa situação deve ser explicada aos associados pelo profissional designado para a Gerência de Recepção e Produção (GRP), que chamaria a atenção para a vantagem de a direção, no Conselho de Administração, poder acompanhar as tarefas de perto, e para a desvantagem de a destituição da autonomia conferida ao supervisor para decidir sobre situações não previstas para a subfunção poder gerar demora no recebimento das mercadorias dos associados.[39]

[39] Crúzio (1999a) e Koontz & O'Donnell (1974).

3. Implantar ordens de serviços, a serem seguidas pelos profissionais contratados, para fazer cumprir as determinações da Assembléia Geral dos Sócios e as deliberações da direção, no Conselho de Administração.

Por Exemplo

Numa cooperativa de rizicultores, podem-se implantar ordens de serviços, onde constariam os critérios para a recepção da produção de arroz dos associados, como: arroz tipo A, preço X; arroz tipo B, preço Y; arroz tipo C, preço Z. Além das ordens de serviços, podem-se implantar também guias de recebimento, para uso dos associados, visando aos registros e às respectivas comprovações de entrega da produção no dia-a-dia. Em seguida, implantar planilha manual ou informatizada para o registro da produção do associado, conforme recebida no local de recepção, no decorrer de cada mês. E, por fim, implantar relatórios contábeis e administrativos, manuais ou informatizados, para submeter o resultado anual da recepção e produção dos associados à discussão e à aprovação da Assembléia Geral dos Sócios.[40]

Autogestão

Passos a seguir para praticar a autogestão na função de recepção e produção (ver figura 3):

1. Definir os critérios de comercialização e submetê-los à discussão e à decisão final da Assembléia Geral dos Sócios.

2. Autorizar a direção, no Conselho de Administração, a implantar os critérios de comercialização, sob a forma de políticas.

3. Autorizar a Gerência de Recepção e Produção (GRP) a executar os critérios de comercialização, sob a forma de programas.

4. Expedir ordens de serviços para as seções SRP, SCP, SBP e SAP, determinando os critérios ou condições para a recepção da produção dos associados.

---

[40] Crúzio (1999a) e Sayles & Strauss (1969).

5. Submeter as planilhas diárias da comercialização efetuada entre o associado e a cooperativa ao controle executor da GRP.

6. Elaborar o relatório mensal da comercialização efetuada entre o associado e a cooperativa e submetê-lo à decisão final da Assembléia Geral dos Sócios.

7. Preparar o relatório anual da comercialização efetuada entre os associados e a cooperativa e submetê-lo à decisão final da Assembléia Geral dos Sócios.

VEJA no Apêndice, no exemplo de Estatuto Social, no *inciso XV do art. 30*, como adaptar e redigir normas e/ou critérios para disciplinar a comercialização na cooperativa. No *§2º do art. 33*, como adaptar e redigir normas e/ou regulamentos para obrigar a direção, no Conselho de Administração, a submeter suas propostas de trabalho à discussão e à aprovação da Assembléia Geral Extraordinária.

Figura 3

Participação do associado nas decisões sobre meios e formas de comercializar sua produção com a cooperativa, envolvendo a Assembléia Geral dos Sócios, o Conselho de Administração e os profissionais, contratados ou associados, treinados para a GRP e para as seções SRP, SCP, SBP e SAP

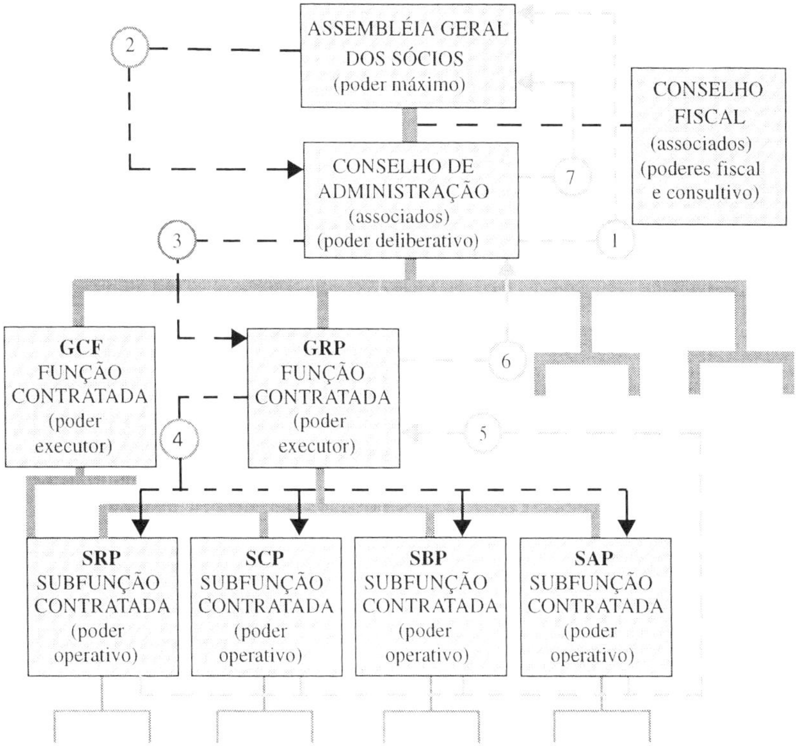

(1) Definir critérios de comercialização e submetê-los à discussão e à decisão final da AGS.

(2) Autorizar o Conselho a implantar critérios de comercialização, sob a forma de políticas.

(3) Autorizar a GRP a executar critérios de comercialização, sob a forma de programas.

(4) Expedir às seções ordens de serviços referentes à recepção da produção dos associados.

(5) Submeter planilha diária da comercialização ao controle executor da GRP.

(6) Elaborar relatório mensal sobre a comercialização e submetê-lo à análise do Conselho.

(7) Compor relatório anual da comercialização e submetê-lo à decisão da Assembléia.

Obs.: os fluxos das decisões no organograma seguem as especificações abaixo:

← Fluxo de informação ascendente (processos decisórios de resultado e controle).

– – → Fluxo de informação descendente (processo decisório-fim).

Capítulo 13

Área de comercialização e vendas: especialização e autogestão

Especialização

Para especializar a função da área de comercialização e vendas nas cooperativas, devem-se levantar e identificar todas as tarefas administrativas pertinentes às compras e às vendas dos associados, agrupando-as sob a função principal de comercialização e venda da produção dos associados, conforme demonstrado no organograma da figura 4.

Ao profissional contratado ou ao associado incumbido da função de comercialização e vendas na GCV devem caber as seguintes atribuições administrativas:

1. Elaborar um plano de preços competitivo em relação aos de mercado, visando às compras e às vendas da produção dos associados entregue à cooperativa.

2. Programar uma tabela de preços para as compras e as vendas da produção dos associados.

> **POR EXEMPLO**
>
> Numa cooperativa de agricultores, a tabela de preços pode ser baseada nos índices semanal ou mensal atualizados pela Bolsa de Cereais de São Paulo (BCSP) ou pela revista *Conjuntura Econômica*.

3. Acompanhar a recepção da produção dos associados e solicitar, semanalmente, à Seção de Recepção e Produção (SRP), informações sobre a satisfação dos associados, principalmente com relação aos preços estabelecidos, registrando-se as quantidades produzidas, mas não entregues à cooperativa.

4. Submeter o plano de preços à discussão, à apreciação e à aprovação da Assembléia Geral dos Sócios, por meio da direção, no Conselho de Administração.

5. Revisar, semanalmente, o plano de preços e submetê-lo a nova apreciação, discussão e aprovação por uma Assembléia Geral Extraordinária.

6. Apresentar relatórios mensais à direção, no Conselho de Administração, demonstrando a evolução dos preços estabelecidos para a compra da produção do associado, em comparação com os preços de mercado.

Autogestão

Rotinas a seguir para praticar a autogestão na função da área de comercialização e vendas (ver figura 4):

1. Elaborar um plano comercial de preços e submetê-lo à análise operacional e à deliberação da direção, no Conselho de Administração.

2. Submeter o plano de preços à discussão e à decisão final da Assembléia Geral dos Sócios.

3. Autorizar a direção, no Conselho de Administração, a formalizar o plano de preços sob a forma de políticas.

4. Autorizar a Gerência de Comercialização e Vendas (GCV) a executar o plano de preços sob a forma de programas.

5. Autorizar a Seção de Recepção da Produção (SRP) a praticar os preços estabelecidos no plano, para a comercialização entre associados e cooperativa.

6. Informar à Gerência de Comercialização e Vendas (GCV) possíveis insatisfações dos associados quanto aos preços estabelecidos.

7. Rever o plano de preços e encaminhá-lo a nova análise operacional e à deliberação da direção, no Conselho de Administração.

8. Submeter o plano de preços revisto a nova discussão e à aprovação da Assembléia Geral dos Sócios.

VEJA no Apêndice, no exemplo de Estatuto Social, no *§2º do art. 3º*, como adaptar e redigir normas e/ou regulamentos para disciplinar as políticas de preços, as quantidades, a qualidade, os contratos etc. relativos à comercialização dos associados com a cooperativa.

Figura 4

Participação do associado na decisão sobre o plano de preços para a comercialização entre o associado e a cooperativa, envolvendo a Assembléia Geral dos Sócios, o Conselho de Administração e os profissionais, contratados ou associados, treinados para a GCV e para as seções SRP, SCP, SBP e SAP

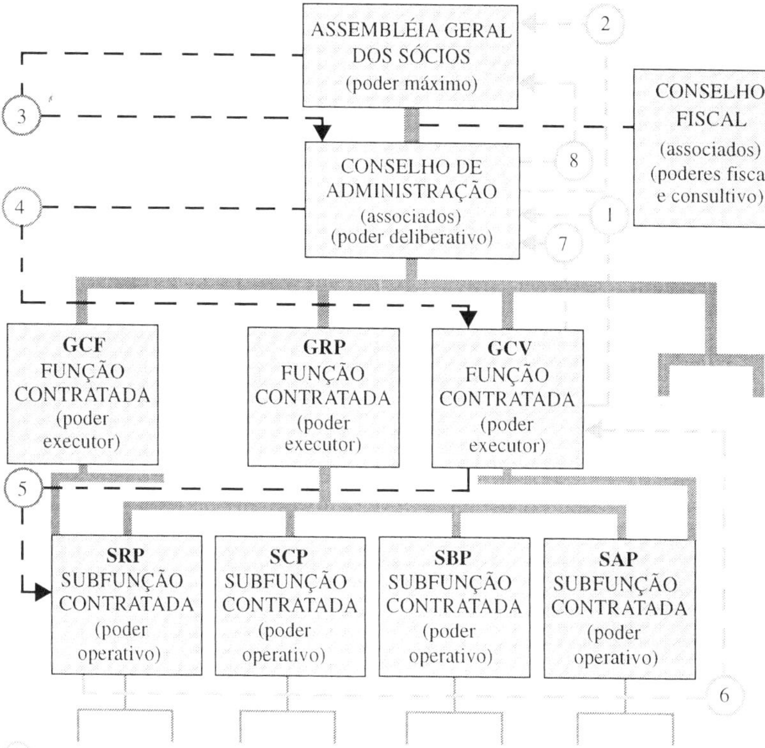

1 Elaborar plano de preços de comercialização e submetê-lo à análise operacional do Conselho.

2 Submeter plano de preços à discussão e à decisão final da Assembléia.

3 Autorizar o Conselho a formalizar o plano de preços sob a forma de políticas.

4 Autorizar a GCV a executar o plano de preços sob a forma de programas.

5 Autorizar a SRP a aplicar na comercialização os preços do plano de preços.

6 Informar à GCV possíveis insatisfações dos associados quanto aos preços.

7 Rever o plano de preços e encaminhá-lo à análise operacional do Conselho.

8 Submeter o plano de preços revisto à decisão final da Assembléia Geral Extraordinária.

Obs.: os fluxos das decisões no organograma seguem as especificações abaixo:

← Fluxo de informação ascendente (processos decisórios de resultado e controle).

– – ➤ Fluxo de informação descendente (processo decisório-fim).

CAPÍTULO 14

Área de relações trabalhistas: especialização e autogestão

Especialização

Para especializar a função da área de relações trabalhistas das cooperativas, devem-se levantar e identificar todas as tarefas administrativas e operacionais ligadas a ela — atribuições que cabem à Gerência de Relações Trabalhistas (GRT).

O profissional contratado ou o associado incumbido da função de relações trabalhistas na GRT tem, a seu cargo, as seguintes atribuições administrativas:

1. Levantar todos os procedimentos administrativos e operacionais efetuados por todos os empregados da cooperativa.
2. Levantar as subfunções, as funções, os cargos, os órgãos e respectivos responsáveis.
3. Calcular o custo salarial de cada cargo para a cooperativa, comparando-o com o custo salarial do mesmo cargo no mercado de trabalho.
4. Elaborar o plano de classificação de cargos e salários (PCCS) da cooperativa.
5. Submeter o plano de classificação de cargos e salários (PCCS) à apreciação, à discussão e à aprovação da Assembléia Geral dos Sócios, por meio da direção, no Conselho de Administração.
6. Apresentar o plano de classificação de cargos e salários (PCCS) à Assembléia Geral dos Sócios, explicando as possibilidades de aplicar, na cooperativa, uma política salarial que esteja abaixo, na média ou acima da praticada no mercado salarial externo.[41]

---

[41] Crúzio (1999a) e Zimpeck (1978).

Autogestão

Rotinas a seguir para praticar a autogestão na função da área de relações trabalhistas (ver figura 5):

1. Elaborar o plano de classificação de cargos e salários (PCCS) dos empregados da cooperativa e submetê-lo à análise operacional e deliberativa da direção, no Conselho de Administração.

2. Submeter o PCCS da cooperativa à discussão e à decisão final da Assembléia Geral dos Sócios.

3. Convocar a Gerência de Relações Trabalhistas (GRT) para explicar o PCCS à Assembléia Geral dos Sócios.

4. Autorizar a direção, no Conselho de Administração, a implantar o PCCS, sob a forma de políticas salariais.

5. Autorizar a Gerência de Relações Trabalhistas (GRT) a executar o PCCS, sob a forma de programas salariais.

6. Autorizar a Seção de Cargos e Salários (SCS) a elaborar a folha salarial, conforme os programas e as políticas salariais da cooperativa aprovados pela Assembléia Geral dos Sócios.

VEJA no Apêndice, no exemplo de Estatuto Social, no *§1º, inciso X do art. 33*, como adaptar e redigir normas e/ou regulamentos para atribuir à direção, no Conselho de Administração, a responsabilidade de providenciar o manual de administração da cooperativa, com as descrições das rotinas, das funções administrativas e operacionais e dos cargos; com o plano salarial dos empregados; as especificações da autoridade e da responsabilidade de cada função — quem faz o que e quem responde a quem na cooperativa —, e com o desenho organizacional ou organograma da cooperativa.

Figura 5

Participação do associado nas decisões sobre os critérios da política salarial do quadro funcional contratado, envolvendo a Assembléia Geral dos Sócios, o Conselho de Administração e os profissionais, contratados ou associados, treinados para a GRT e para a SCS

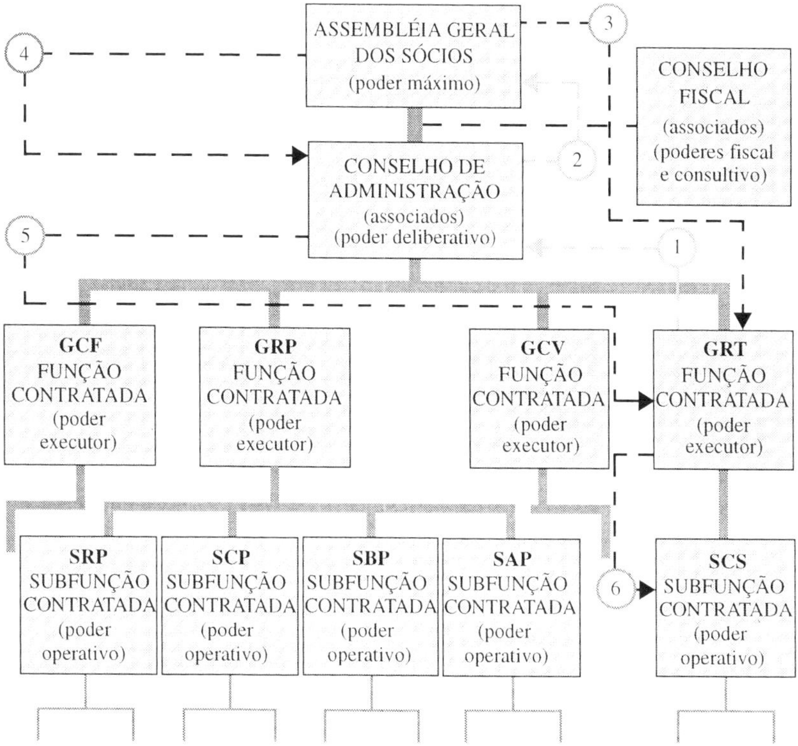

(1) Elaborar plano de cargos e salários e submetê-lo à deliberação operacional do Conselho.

(2) Submeter plano de cargos e salários à discussão e à decisão final da AGS.

(3) Convocar a GRT para explicar o plano salarial à AGS.

(4) Autorizar o Conselho a implantar o plano de cargos e salários sob a forma de política.

(5) Autorizar a GRT a executar o plano salarial sob a forma de programas salariais.

(6) Autorizar a SCS a elaborar a folha salarial conforme os programas e as políticas.

Obs.: os fluxos das decisões no organograma seguem as especificações abaixo:

Fluxo de informação ascendente (processos decisórios de resultado e controle).

Fluxo de informação descendente (processo decisório-fim).

CAPÍTULO 15

Área de fiscalização e controle: especialização e autogestão

Especialização

Para especializar a função da área de fiscalização e controle do Conselho Fiscal nas cooperativas, devem-se seguir os seguintes passos:

1. Acompanhar todas as decisões e atos da direção, no Conselho de Administração, e verificar se estão de acordo com a missão, os objetivos, as políticas e as metas gerais estabelecidas pela Assembléia Geral dos Sócios, conforme descritas no Estatuto Social da cooperativa.

2. Acompanhar todas as transações comerciais da cooperativa com associados, fornecedores, consumidores etc., levando em conta os contratos gerais, a estipulação de preços, quantidades, prazos etc.

3. Examinar, um por um, todos os registros e cálculos dos livros da contabilidade e comparar com os recibos, os salários, os pagamentos gerais e respectivas contas bancárias.

4. Levantar os excedentes de mercadorias no começo e no fim de cada ano, bem como as contas e os procedimentos quanto a valores atualizados, em relação à depreciação do maquinário, dos equipamentos, dos estoques etc.

5. Examinar os registros e os procedimentos contábeis no que diz respeito a mercadorias recebidas, compras e mercadorias vendidas durante o ano, comparando-as com o caixa da cooperativa e as disponibilidades bancárias.

6. Acompanhar os procedimentos administrativos e operacionais e avaliar o desempenho da direção, no Conselho de Administração, considerando a qualidade dos espaços físicos, a carga de trabalho tanto dos associados

quanto dos empregados contratados, as disponibilidades e a qualidade dos materiais e equipamentos etc.

7. Acompanhar a qualidade do atendimento prestado aos associados tanto pela direção, no Conselho de Administração, quanto pelo quadro de empregados contratados, considerando modos, demoras, presteza nos serviços etc. e, quando constatadas irregularidades ou queixas, propor solução imediata para o problema.

8. Propor, anualmente, a revisão do Estatuto Social da cooperativa, considerando as forças exercidas por organizações externas das quais a cooperativa depende ou com as quais mantém alguma relação comercial, tudo de acordo com a missão, os objetivos e as políticas da associação, inclusive para redirecioná-la, se isso for do interesse da Assembléia Geral dos Sócios.

Autogestão

Rotinas a seguir para praticar a autogestão na função da área de fiscalização e controle do Conselho Fiscal (ver figura 6):

1. Comparar as deliberações da direção, no Conselho de Administração, com a missão, as políticas e as metas da cooperativa.

2. Comparar as execuções das gerências — GCF, GRP, GCV e GRT — e as deliberações da direção, no Conselho de Administração, com as decisões da Assembléia Geral dos Sócios.

3. Comparar as operações das seções — SRP, SCP, SBP, SAP e SCS, as decisões das gerências — GCF, GRP, GCV e GRT — e as deliberações da direção, no Conselho de Administração, com as decisões da Assembléia Geral dos Sócios.

4. Comparar os resultados das operações das seções — SRP, SCP, SBP, SAP e SCS — com a satisfação dos associados.

5. Comparar os resultados das execuções das gerências — GCF, GRP, GCV e GRT — com a satisfação dos associados.

6. Comparar os resultados das deliberações da direção, no Conselho de Administração, com a satisfação dos associados.

7. Dar o parecer final no relatório anual contábil e administrativo da direção, no Conselho de Administração, considerando o grau de satisfação dos associados, conforme as manifestações de cada um na Assembléia Geral dos Sócios.

Veja no Apêndice, no exemplo de Estatuto Social, nos *incisos VIII e IX do art. 29*, como adaptar e redigir critérios para o exercício da autoridade fiscal, a fim de analisar e questionar atos da direção, no Conselho de Administração, e sugerir punições, caso comprovado algum descumprimento das normas e/ou regulamentos previstos no Estatuto Social. No *art. 41*, como adaptar e redigir as atribuições e respectiva autoridade dos conselheiros do Conselho Fiscal para o desempenho da função fiscal, inclusive no que diz respeito a convocar e a submeter problemas à apreciação e à discussão da Assembléia Geral Ordinária ou da Assembléia Geral Extraordinária, conforme a gravidade ou a urgência da situação.

Figura 6

Participação do associado na fiscalização e no controle das decisões e ações da direção, com relação ao cumprimento da missão, dos objetivos, das metas e das políticas da cooperativa, envolvendo a Assembléia Geral dos Sócios, o Conselho Fiscal, o Conselho de Administração e os profissionais, contratados ou associados, treinados para as GCF, GRP, GCV, GRT e para as SRP, SCP, SBP, SAP e SCS.

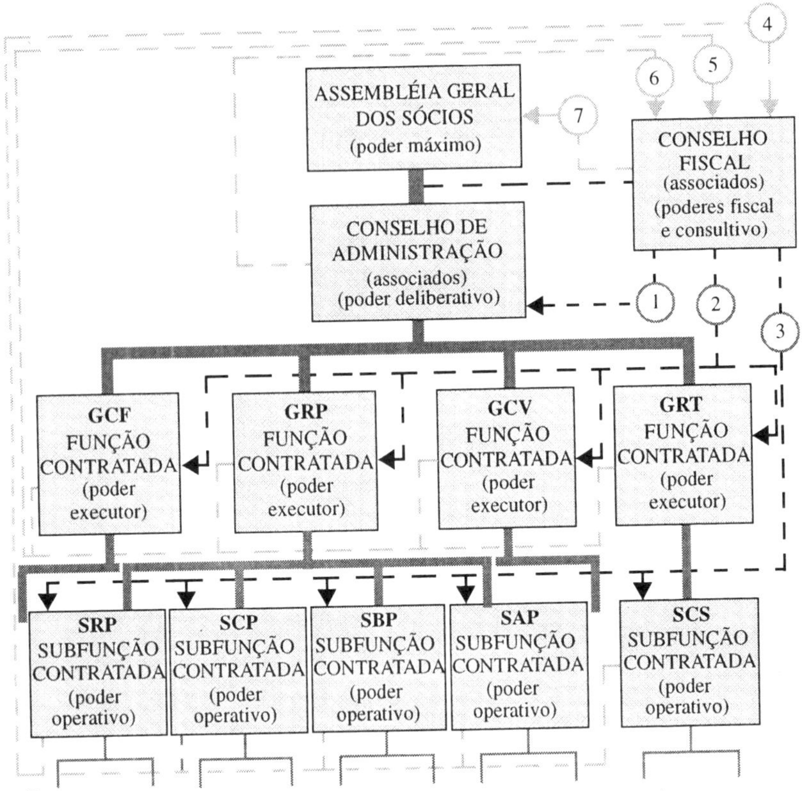

(1) Comparar deliberações do Conselho, missão, objetivos, políticas e metas da cooperativa.

(2) Comparar execuções gerenciais, deliberações do Conselho e decisões da AGS.

(3) Comparar tarefas, decisões gerenciais, deliberações do Conselho, decisões da AGS.

(4) Comparar resultados das operações das seções com a satisfação do associado.

(5) Comparar resultados das execuções gerenciais com a satisfação do associado.

(6) Comparar resultados das deliberações do Conselho com a satisfação do associado.

(7) Dar parecer no relatório anual do Conselho e checar o grau de satisfação dos associados.

Obs.: os fluxos das decisões no organograma seguem as especificações abaixo:

Fluxo de informação ascendente (processos decisórios de resultado e controle).

Fluxo de informação descendente (processo decisório-fim).

CAPÍTULO 16

Questões básicas sobre cooperativas

Quais são os documentos necessários para constituir uma cooperativa, reformar seu estatuto social, ou transformá-la, fundi-la ou incorporá-la?[42]

- Formulário específico para solicitar a abertura de uma cooperativa, encontrado na junta comercial de cada município e/ou estado brasileiro.
- Estatuto Social, em três vias, assinado por todos os sócios fundadores da cooperativa (só assinar a última página do estatuto).
- Ata da Assembléia Geral dos Sócios, em três vias, assinada por todos os sócios fundadores da cooperativa.[43]
- Gare — código 3.700 (valor: R$100,00).
- Darf — código 6.621 (valor: R$5,00).
- Ficha cadastral modelo 1, em duas vias.
- Ficha cadastral modelo 2, em duas vias, para cada membro do Conselho de Administração.

O que é importante saber e discutir na primeira reunião da Assembléia Geral dos Sócios, principalmente sobre o Estatuto Social da cooperativa?

- Toda sociedade cooperativa é regulada pela legislação cooperativista, fundamentada na Lei nº 5.764/71, cujas normas e/ou regulamentos expressam que as sociedades cooperativas são constituídas por decisão da Assembléia Geral dos Sócios Fundadores.

---

[42] Antes de adquirir quaisquer destes documentos, dirija-se à junta comercial de seu município para se informar sobre aqueles que são necessários, uma vez que a lista de documentos necessários costuma variar de estado para estado.

[43] Colocar na Ata o desimpedimento criminal dos membros do Conselho de Administração.

- Para se legalizar ou oficializar uma cooperativa é necessário apresentar o Estatuto Social e registrá-lo na Junta Comercial, e também publicar o ato de constituição da sociedade em jornal de grande circulação, ou em outro meio de comunicação convencional e considerado oficial em cada município etc., conforme o disposto no art. 4º da Lei nº 5.764/71.

Como elaborar um Estatuto Social seguro e de fácil entendimento por parte dos associados?

- Discutir em Assembléia Geral dos Sócios item por item do Estatuto Social padrão e adaptar suas normas e/ou regulamentos ao Estatuto Social da cooperativa almejada.

- Só aprovar o Estatuto Social da cooperativa quando todos os membros do grupo fundador estiverem conscientes de todas as normas e/ou regulamentos nele contidos. Ou seja, discutir e interpretar, item por item, o Estatuto Social, identificando possíveis problemas organizacionais e administrativos com relação aos interesses e/ou às necessidades do grupo, e adaptá-los à medida que forem surgindo.

Quais os documentos necessários para registrar a Ata da primeira Assembléia Geral Ordinária?

- Requerimento padrão.
- Ata da Assembléia Geral Ordinária, em três vias.
- Ficha de Cadastro Nacional (FCN), em duas vias.
- Guias de recolhimento da TCEC e do Darf.

Quais os documentos necessários para registrar a Ata da primeira Assembléia Geral Extraordinária?

- Requerimento padrão.
- Ata da Assembléia Geral Extraordinária, em três vias.
- Ficha de Cadastro Nacional (FCN), em duas vias.
- Guias de recolhimento da TCED e do Darf.

Como, onde e quando os fundadores da cooperativa devem registrar a cooperativa?

- Juntar todos os documentos e registrar a cooperativa na Junta Comercial, conforme dispõe a Lei Federal nº 6.939, de 9 de setembro de 1981, alterada pela Lei Federal nº 8.209, de 18 de julho de 1991, incluindo o Decreto nº 57.651, de janeiro de 1966, e o Decreto Estadual nº 51.072/68.
- Apresentar todos os documentos à Junta Comercial no prazo de 30 dias. Dentro desse prazo, os efeitos de arquivamento retroagirão à data da Assembléia Geral dos Sócios, mas, passado o prazo, o arquivamento só terá eficácia a partir da data do despacho que o conceder.

Quais os documentos necessários para registrar a cooperativa na Junta Comercial?

- *Requerimento padrão:* no estado de São Paulo deve ser utilizado, obrigatoriamente, o modelo de requerimento padrão aprovado pela Deliberação Jucesp nº 4, de 1º de agosto de 1991, publicado no *DOE* de 2 de agosto de 1991, que pode ser adquirido nas papelarias. O requerimento padrão deve ser utilizado, obrigatoriamente, em todos os pedidos de arquivamento e registro de atos de sociedades. Em outros estados, procure a Junta Comercial para saber como isso funciona em seu estado.
- *Ficha de Cadastro Nacional (FCN):* cabe à Diretoria Geral do Departamento Nacional de Registro do Comércio (DNRC) aprovar a FCN, como dispõe a Instrução Normativa nº 26, de 7 de novembro de 1989, publicada no *DOU* de 10 de novembro de 1989. A FCN tem por objetivo a atualização do Cadastro Nacional de Empresas e instrui os pedidos de arquivamento de atos das sociedades nas juntas comerciais dos estados e do Distrito Federal, devendo ser preenchida em duas vias.
- *Cadastro Geral do Contribuinte (CGC):* a ficha de inscrição no CGC, para a constituição de sociedades cooperativas, quando autenticada, substitui o cartão CGC pelo prazo de 90 dias, contados a partir da data de recepção ou da data de revalidação aposta no verso, conforme modelo adquirido nas papelarias.

- *Guias de recolhimento do Darf e da TCEC:* as taxas devidas ao estado são recolhidas em bancos autorizados mediante uma guia de recolhimento, conforme modelo aprovado pela Secretaria da Fazenda, ou diretamente na Jucesp. As taxas do Cadastro Nacional de Empresas são devidas por ocasião da constituição da sociedade e de alteração de Estatuto que implique modificações nos dados informados na FCN. A taxa do Cadastro Nacional de Empresas é recolhida através do Darf.

Quais os recolhimentos obrigatórios para registrar a cooperativa na Junta Comercial?

- Emolumentos devidos à Junta Comercial, de acordo com tabela própria aprovada pela junta e mediante a utilização da TCEC.
- Taxa de cadastro, mediante utilização do Darf.

O que é importante saber sobre a isenção do imposto de renda para cooperativas?

- Conforme a Lei nº 5.764/71, "denominam-se atos cooperativos os praticados entre as cooperativas e seus associados, entre estes e aquelas e pelas cooperativas entre si quando associadas, para a consecução dos objetivos sociais".
- As cooperativas podem fornecer bens e serviços a não-associados, desde que isso atenda aos seus objetivos sociais e não conflite com a referida lei.
- Em alguns casos, as cooperativas também podem adquirir produtos de não-associados e participar de sociedades não-cooperativas. Nestes casos, como os resultados não advêm de atos cooperativos, pois provêm de operações com terceiros, devem ser colocados na conta do Fundo de Assistência Técnica, Educacional e Social e tributados com base no chamado lucro real.
- As cooperativas estão isentas do imposto de renda porque não têm lucro e, sim, sobras líquidas, que são a soma das receitas provenientes da realização de atos cooperativos, subtraídas as despesas.
- As cooperativas estão isentas do imposto de renda porque são consideradas uma extensão das atividades do associado, sendo as sobras líquidas distribuídas, proporcionalmente, aos associados e tributadas nas declarações do imposto de renda — pessoa física.

Em que situações a cooperativa perde as vantagens da não-incidência do imposto de renda?

- Quando distribui qualquer benefício das quotas-partes do capital social, além dos juros, que variam de zero ao máximo de 12% ao ano, relacionados ao capital social, conforme a Lei nº 5.764/71.
- Quando paga rendimentos a beneficiários não-identificados.
- Quando concede participação nos resultados ou gratificações a seus dirigentes, do Conselho de Administração, ou a administradores contratados.
- Quando apura excesso de retiradas individuais.
- Quando estabelece vantagens ou privilégios, financeiros ou não, para quaisquer associados ou terceiros.
- Quando desvirtua a finalidade da cooperativa.
- Quando remunera seus dirigentes além do pró-labore previsto na Lei nº 5.764/71.

Quais os critérios para remunerar os dirigentes do Conselho de Administração da cooperativa?

- A regra geral estabelecida para sociedades comerciais ou civis de qualquer espécie quanto à remuneração mensal de dirigentes ou administradores não excepciona as sociedades cooperativas para que estas excedam os limites de remuneração, sem as conseqüentes implicações tributárias.
- Nas cooperativas, deve-se evitar remunerar em excesso os dirigentes do Conselho de Administração quando houver operações com terceiros, pois o Fisco sempre tributa tais excessos e, ocasionalmente, pode interpretar que a cooperativa está concedendo vantagens indevidas, descaracterizando-se, por desobedecer as condições essenciais para a não-incidência do imposto de renda.
- Havendo remuneração em excesso dos dirigentes do Conselho de Administração, esse excesso deve ser tributado.

- O critério de proporcionalidade a ser adotado é a proporção entre as receitas brutas advindas de atos cooperativos e as receitas provenientes de atos não-cooperativos.

Onde encontrar mais informações sobre a constituição e o registro de cooperativas e sobre as regulamentações das cooperativas de trabalho ou de serviços?

- Legislação cooperativista, Lei nº 5.764/71.
- Lei nº 8.949, que cria as cooperativas de trabalho.
- Lei Complementar nº 84, Decreto nº 1.826, de 29 de fevereiro de 1996 (*DOU* de 1-3-1996), que trata da regulamentação da contribuição previdenciária de autonômos e empresários.
- Orientação Normativa Mpas/INSS/CGF nº 5, de 8 de maio de 1996 (Decreto de 10 de maio de 1996), que trata dos esclarecimentos sobre a contribuição de autonômos e empresários.
- Portaria nº 925, de 28 de setembro de 1995, que trata dos dispositivos legais para a fiscalização do trabalho na empresa tomadora de serviços de sociedade cooperativa.

Referências bibliográficas

ACI (Aliança Cooperativa Internacional). Desenvolvimento do cooperativismo internacional. In: Schneider, J. O. *Democracia — participação e autonomia cooperativa*. São Leopoldo, Unisinos, 1991. 416p.

Araújo, S. M. P. de. *Eles: a cooperativa — um estudo sobre a ideologia da participação*. Porto Alegre, Projeto, 1982. 215p.

Ansoff, H. I.; Dellerck, P. R. & Hayes, R. L. *Do planejamento estratégico à administração estratégica*. São Paulo, Atlas, 1981. 271p.

Auozani, L. Análise do Serviço de Comunicação e Educação Cooperativa. Porto Alegre, Fecotrigo, 1989. mimeog.

Barreto, N. Processo de participação em cooperativas de produtores rurais do Rio Grande do Sul. *Perspectiva Econômica — Cooperativismo*. São Leopoldo, Unisinos, *6*(27):99-205, 1980.

Benetti, M. D. *Origem e formação do cooperativismo empresarial no Rio Grande do Sul: uma análise do desenvolvimento da Cotrijuí, Cotrisa e Fecotrigo — 1957/1980*. Porto Alegre, FEE, 1982. (Teses, 5.)

Bugarelli, W. A nova legislação cooperativista brasileira. In: Pinho, D. B. *A problemática cooperativista no desenvolvimento econômico*. São Paulo, Artegráfica, 1973.

Cavendish, S. Cooperativismo e dominação. In: Loureiro, M. R. *Cooperativas agrícolas e capitalismo no Brasil*. São Paulo, Cortez, 1981. p. 75-95.

CLT (Consolidação das Leis do Trabalho). *Natureza do vínculo empregatício em sociedades cooperativas*, art. 442, parágrafo único.

Coaepecab (Cooperativa Agropecuária da Região de Casa Branca). Estatuto social. Casa Branca, SP, 1979, 1986 e 1989. mimeog.

Cole, G. D. H. As primeiras cooperativas antes de Rochdale. In: Schneider, J. O. *Democracia — participação e autonomia cooperativa.* São Leopoldo, Unisinos, 1991. p. 30-41.

Conjuntura Econômica. Índices econômicos: produtos agrícolas. Rio de Janeiro, FGV, *42*(9):108, set. 1988.

Coradini, O. L. *Agricultura, cooperativas e multinacionais.* Rio de Janeiro, Zahar, 1982.

Crúzio, H. de O. Anomalias de uma organização, estrutura, administração e fiscalização que inviabilizam a comercialização do pequeno produtor na cooperativa. São Paulo, 1993. (Projeto de Pesquisa APQ/CNPq, EAESP.)

———. Ideologia e autogestão; contradição do cooperativismo agropecuário/industrial brasileiro: o caso da inversão decisória. São Paulo, FGV/EAESP, 1994. (Tese de Doutorado.)

———. Organização e administração de cooperativas: problemas e alternativas. In: *19º Encontro da Anpad.* Angra dos Reis, RJ, 1998.

———. Organização e administração de cooperativas. *Revista de Administração Pública — RAP.* Rio de Janeiro, FGV/EBAP, *33*(2), mar./abr. 1999a.

———. Por que as cooperativas agropecuárias e agroindustriais brasileiras estão falindo? *Revista de Administração de Empresas — RAE.* São Paulo, EAESP, *39*(2), abr./jun. 1999b.

———. Formação de organizações cooperativas: problemas e alternativas. *Agroanalysis.* Rio de Janeiro, FGV, *19*(10), out. 1999c.

Desroche, H. *Coopération et developpement, mouvements coopératifs et stratégie du developpement.* Paris, PUF, 1964. (Col. Tiers Monde.)

DOU (Diário Oficial da União). Regulamentação da contribuição previdenciária de autônomos e empresários. Decreto nº 1.826, de 29-2-1996.

Duarte, L. M. G. *Capitalismo e cooperativismo no RS; o cooperativismo empresarial e a expansão do capitalismo no setor rural do Rio Grande do Sul.* Porto Alegre, Anpocs, 1986. 96p.

Eschenburg, R. *Idéias para o aprimoramento da auditoria em cooperativas no Brasil.* São Leopoldo, Unisinos, 1986.

O Estado de S. Paulo. Situação financeira caótica de 400 entidades do setor, 26-1-1998. (Caderno Economia.)

———. Justiça desmascara falsas cooperativas, 5-9-1999. (Caderno Economia.)

———. Cooperativas ou empresas? Eis a questão! 19-3-2000. (Caderno Emprego.)

Fleury, M. T. L. *Cooperativas agrícolas e capitalismo no Brasil.* São Paulo, Global, 1983. 125p.

Folha de S. Paulo. Ministro omitiu informações sobre empréstimos do BNCC, 15-10-1989. (Caderno Agricultura.)

———. CAC abandonou colonizadores do cerrado, 29-6-1993. (Caderno Agrofolha.)

Frantz, T. *Cooperativismo empresarial e desenvolvimento agrícola — o caso da Cotrijuí.* Ijuí, Cotrijuí/Fidene, 1982.

Galbraith, L. K. *Anatomia do poder.* São Paulo, Pioneira, 1984. 205p.

Gazeta Mercantil. A crise das cooperativas agropecuárias, 6-4-1994. p. 1-6.

Gerber, H. H. *Medidas práticas para recuperar os obstáculos à atuação do cooperativismo nos países em desenvolvimento.* São Paulo, Artegráfica, 1973. 354p.

Gitman, L. J. *Princípios de administração financeira.* 3 ed. São Paulo, Harbra, 1978.

Harding, H. A. *Administração da produção.* São Paulo, Atlas, 1981. 270p.

ICA (Instituto de Cooperativismo e Associativismo). *Manual de procedimentos na Junta Comercial para sociedades cooperativas.* São Paulo, ICA, 1993a. (Série Orientação.)

———. *Estatuto de cooperativas singulares: agrícolas, agrícolas mistas e pecuárias.* São Paulo, ICA, 1993b. 39p.

———. *O imposto de renda das cooperativas.* São Paulo, ICA, 1993c. 32p.

Índices da Bolsa de Cereais de São Paulo. *O Estado de S. Paulo*, 1994. (Caderno Agrícola.)

IstoÉ. Colapso da Cooperativa Cotia (1.253), 2 jun. 1993.

Jouvenel, B. de. O cooperativismo acima do voto censitário. In: Schneider, J. O. *Democracia — participação e autonomia cooperativa*. São Leopoldo, Unisinos, 1991. p. 84-93.

Junqueira, J. O. G. Ação do governo junto à Cotia. *O Estado de S. Paulo*, 11-6-1993. (Caderno Economia.)

Kerinec, R. Principais obstáculos à reforma das estruturas. In: Schneider, J. O. *Democracia — participação e autonomia cooperativa*. São Leopoldo, Unisinos, 1991.

Koontz, H. & O'Donnell, C. *Princípios de administração: uma análise das funções administrativas*. São Paulo, Pioneira, 1974. 2v.

Kotler, F. *Marketing para organizações que não visam o lucro*. São Paulo, Atlas, 1978. 430p.

Lacroix, J. La coopération de consumation comum e experience de participation. In: Schneider, J. O. *Democracia — participação e autonomia cooperativa*. São Leopoldo, Unisinos, 1991.

Lambert, P. *La doctrina cooperativa*. 3 ed. Buenos Aires, Intercoop, 1970.

Lassere, G. Democracia cooperativa. In: Schneider, J. O. *Democracia — participação e autonomia cooperativa*. São Leopoldo, Unisinos, 1991. p. 149-66.

Lauschner, R. & Schneider, J. O. *O cooperativismo no Brasil, evolução e situação atual do cooperativismo brasileiro: enfoque, análise e contribuições*. São Leopoldo, FNS & Assoler, 1974. p. 5-7.

Loureiro, M. R. G. *Cooperativas agrícolas e capitalismo no Brasil*. São Paulo, Cortez, 1981. 155p.

Luz Filho, F. História do cooperativismo brasileiro. In: Schneider, J. O. *Democracia — participação e autonomia cooperativa*. São Leopoldo, Unisinos, 1991. p. 241-60.

Macedo, M. Gigantismo. *Veja*, *26*(21), 26 maio 1993. (Economia e Negócios.)

Magalhães, M. H. de. Recuperação de cooperativas. In: Pinho, D. B. *A problemática cooperativista no desenvolvimento econômico.* São Paulo, Artegráfica, 1973.

Ministério da Agricultura/Suplan/Planave. *Pesquisa sócio-econômica das cooperativas de produtores e de produção agrícola brasileira.* Brasília, 1977. 14v., v. 13.

Mladenatz, G. *Historia de las doctrinas cooperativas.* Buenos Aires, Intercoop, 1969. 249p.

Moura, V. Caráter e tendências do movimento cooperativo no Brasil. In: Pinho, D. B. *A problemática cooperativista no desenvolvimento econômico.* São Paulo, Artegráfica, 1973.

Muller, G. Contrijuí: tentativa de criação de um conglomerado de capital nacional. In: Loureiro, M. *Cooperativas agrícolas e capitalismo no Brasil.* São Paulo, Cortez, 1981. 155p.

Novaes, J. R. P. Cooperativismo: acumulação e mundo social. In: Loureiro, M. R. G. *Cooperativas agrícolas e capitalismo no Brasil.* São Paulo, Cortez, 1981.

OCB (Organização das Cooperativas Brasileiras). *Educação e capacitação cooperativista do sistema.* Brasília, OCB, 1996. 46p.

Paas, D. Participación y democracia cooperativa en los paises en desarrollo. *CEC.* Santiago, Universidad Católica de Chile (11), 1974.

Perius, V. *Problemas estruturais do cooperativismo.* Porto Alegre, Ocergs, 1983.

Pinho, D. *A problemática cooperativista no desenvolvimento econômico.* São Paulo, Artegráfica, 1973. 359p.

Prochnow, H. Fusão e incorporção de cooperativas — um estudo de caso. Porto Alegre, PUC-RS, 1978. (Dissertação de Mestrado.)

Resoluções do Conselho Nacional do Cooperativismo. Brasília, OCB, 1971. 97p.

Rios, G. Sá L. Cooperativas agrícolas no Nordeste brasileiro e mudança social. Piracicaba, Esalq/USP, 1976. (Dissertação de Mestrado.)

Rodrigues, R. A cooperativa em crise de identidade. *Folha de S. Paulo*, 13-6-1993a. (Caderno Agrofolha.)

———. Porque é preciso apoiar a Cotia. *O Estado de S. Paulo*, 25-5-1993b. (Caderno Opinião.)

Sayles, R. & Strauss, G. *Comportamento humano organizacional: diagnóstico e ação*. São Paulo, Blucher, 1969.

Schneider, J. O. *Democracia — participação e autonomia cooperativa*. São Leopoldo, Unisinos, 1991. 417p.

Tabliapietra, J. R. C. O princípio de identidade e participação numa organização burocrática. Porto Alegre, UFRGS, 1979. (Dissertação de Mestrado.)

Tibúrcio, J. C. O cooperativismo no fio da navalha. *O Estado de S. Paulo*, 27-5-1993. (Caderno Economia.)

Watkins, W. P. Reflexions sobre el futuro desarrollo cooperativo internacional. In: Schneider, J. O. *Democracia — participação e autonomia cooperativa*. São Leopoldo, Unisinos, 1991. p. 261-305.

Weber, M. Os três aspectos de autoridade legítima. In: Etzioni, A. *Organizações complexas: estudo das organizações em face dos problemas sociais*. São Paulo, Atlas, 1973. p. 17-26.

Zimpeck, B. G. *Administração de salários*. 3 ed. Rio de Janeiro, Luna, 1978. 322p.

Zylbersztajn, D. Dificuldades de gerenciamento. *Gazeta Mercantil*, 6-4-1994. p. 1-16.

APÊNDICE

Modelo de Estatuto Social para cooperativas

ESTATUTO DA COOPERATIVA................ (por exemplo: *COOPERATIVA DE COLETORES DE ARTEFATOS USADOS DO ESTADO DE SÃO PAULO — COOPERREFUGOS*), APROVADO PELA ASSEMBLÉIA GERAL DE CONSTITUIÇÃO, REALIZADA NO DIA .... DE .... DE ....

CAPÍTULO I

DA DENOMINAÇÃO, SEDE, FORO, ÁREA, PRAZO E ANO SOCIAL

Art. 1º A Cooperativa de Coletores de Artefatos Usados do Estado de São Paulo, com a sigla Cooperrefugos, sociedade civil de responsabilidade limitada, constituída em.......... de .... de ...., nos termos da legislação em vigor, é regida pelo presente Estatuto, tendo:

I — Sede e administração na cidade de São Paulo, estado de São Paulo.

II — Foro jurídico na comarca de São Paulo, estado de São Paulo.

III — Área de ação para efeito de admissão de associados abrangendo o município de São Paulo.

IV — Prazo de duração indeterminado e ano social iniciando-se em 1º de janeiro e encerrando-se em 31 de dezembro.

CAPÍTULO II

DA MISSÃO SOCIAL

Art. 2º A Cooperativa de Coletores de Artefatos Usados do Estado de São Paulo (Cooperrefugos) tem como *missão* comprar e vender a produção de seus associados resultante das coletas de artefatos usados, conforme os objetivos expressos para a comercialização, e proporcionar segurança e prosperidade financeira nos negócios aos associados da cooperativa, bem como representar sociopolítica e economicamente seus associados fora da cooperativa e, ainda, promover seu desenvolvimento intelectual e o bem-estar de cada associado e de seus familiares.

CAPÍTULO III

DOS OBJETIVOS, DAS METAS E DAS POLÍTICAS

Art. 3º A Cooperativa, com base na colaboração recíproca a que se obrigam seus associados, tem por *objetivo*:

I — Vender em comum a produção resultante da coleta de artefatos usados entregues pelos associados.

II — Comprar materiais e equipamentos pertinentes à produção decorrente da coleta de artefatos usados, bem como de gêneros e artigos de uso pessoal e doméstico, para abastecimento dos associados.

§1º Para a consecução dos objetivos da Cooperativa, seguir-se-ão as seguintes *metas* de produção, comercialização e prestação de serviços gerais:

a) fornecer aos associados materiais e equipamentos pertinentes à produção decorrente da coleta de artefatos usados proporcionais às transações efetuadas com a Cooperativa;
b) abrir e manter postos, escritórios, depósitos e unidades de recebimento nos locais de abrangência da comercialização da Cooperativa.

§2º Para a consecução dos objetivos da Cooperativa, seguir-se-ão as seguintes *políticas*:

a) receber, classificar e embalar toda a produção dos associados, conforme os critérios estabelecidos na Assembléia Geral dos Sócios;
b) vender toda a produção dos associados nos mercados locais, nacionais e internacionais, conforme os critérios de preços estabelecidos pela Assembléia Geral dos Sócios;
c) adotar marcas comerciais e registrá-las para os produtos a serem distribuídos por seu intermédio, mediante decisão final da Assembléia Geral dos Sócios;

d) efetuar adiantamento em dinheiro sobre o valor da produção recebida dos associados ou que esteja em fase de comercialização, conforme os critérios aprovados pela Assembléia Geral dos Sócios;
e) estabelecer taxas para os serviços prestados a seus associados, conforme os critérios e valores percentuais aprovados pela Assembléia Geral dos Sócios;
f) registrar como armazém geral e, nessa condição, explicar, quando lhe aprouver, conhecimentos de depósito e *warrants* para a produção pertinente à coleta de artefatos usados dos associados, conservando-os em armazéns próprios ou de terceiros, sem prejuízo da emissão de outros títulos decorrentes de suas atividades normais, aplicando-se, no que couber, a legislação específica;
g) estimular a instrução intelectual de seus associados e familiares, bem como a educação cooperativa, em particular dos associados;
h) exercer as operações de comercialização e de serviços gerais pertinentes à produção derivada da coleta de materiais usados, conforme critérios estabelecidos pela Assembléia Geral dos Sócios e de acordo com a Lei nº 5.764/71.
i) efetuar as operações gerais da Cooperativa sem objetivo de lucro para os associados;
j) fornecer aos associados gêneros e artigos de uso pessoal e doméstico proporcionais às transações efetuadas com a Cooperativa;
k) contratar serviços de técnicos ou especialistas externos, conforme as necessidades dos trabalhos operacionais ou administrativos e mediante os critérios estabelecidos pela Assembléia Geral dos Sócios e sua prévia aprovação.

CAPÍTULO IV

DAS POLÍTICAS DE ADMISSÃO, DIREITOS, DEVERES E RESPONSABILIDADES

Art. 4º Da admissão de associados

I — A admissão de associados na Cooperrefugos depende das afinidades da(s) atividade(s) e/ou da profissão e/ou condições sociopolíticas e econômicas do candidato em relação ao grupo de cooperados e, ainda, de estar fundamentada nos critérios aprovados pela Assembléia Geral dos Sócios, bem como situada dentro das regiões de abrangência para a comercialização, conforme disposto no inciso III do art. 1º.

§1º A admissão de pessoa jurídica será permitida, desde que submetida à análise e à aprovação da Assembléia Geral dos Sócios.

§2º Situações que gerem dúvidas e/ou não estejam previstas nos critérios estabelecidos com relação ao processo de admissão de novos associados na cooperativa devem ser encaminhadas à discussão e à decisão final da Assembléia Geral dos Sócios.

II — Os números mínimo e máximo de associados dependem da capacidade de infra-estrutura física, material, de equipamento, financeira e de pessoal da Cooperrefugos para atender, de forma eficiente (serviços bem prestados) e eficaz (serviços bem prestados e rápidos), as ofertas e demandas relativas à produção decorrente da coleta de materiais usados dos associados.

III — Para se associar, o interessado preencherá proposta fornecida pela Cooperrefugos e a submeterá à apreciação e à aprovação da Assembléia Geral dos Sócios.

IV — Aprovada a proposta, o candidato subscreverá as quotas-partes do capital, nos termos e condições previstos neste Estatuto, e, juntamente com o presidente da Cooperrefugos, assinará o livro de matrícula.

Art. 5º Dos direitos dos associados

I — Tomar parte nas assembléias gerais, solicitando esclarecimentos sobre assuntos de seu interesse e pertinentes às atividades gerais da cooperativa, bem como votar todos os assuntos que nelas forem tratados, ressalvado o caso disciplinado no art. 26 deste Estatuto.

II — Propor ao Conselho de Administração e ao Conselho Fiscal, via Assembléia Geral dos Sócios, medidas de interesse da cooperativa.

III — Votar e ser votado para os cargos do Conselho de Administração e do Conselho Fiscal, salvo no caso de ter estabelecido relação empregatícia com a Cooperativa.

IV — Participar de todas as atividades que constituem a missão e os objetivos da Cooperativa.

V — Solicitar, por escrito, informações sobre os negócios gerais da cooperativa e, no mês que anteceder à Assembléia Geral dos Sócios, consultar, na sede da sociedade, o livro de matrícula de associados, as atas das reuniões da Assembléia Geral dos Sócios, as peças do balanço anual, os documentos gerais originados dos negócios da Cooperativa etc.

VI — Demitir-se da Cooperativa quando lhe convier.

Art. 6º Dos deveres dos associados

I — Subscrever e realizar as quotas-partes do capital nos termos deste Estatuto e contribuir com as taxas de serviços e encargos operacionais que forem estabelecidos e aprovados em Assembléia Geral dos Sócios.

II — Cumprir as disposições deste Estatuto, bem como as determinações da Assembléia Geral dos Sócios.

III — Satisfazer, pontualmente, os compromissos assumidos com a Cooperativa, dentre os quais o de participar da elaboração das decisões gerais e do controle de sua execução.

IV — Concorrer com o que lhe couber, em conformidade com as disposições deste Estatuto, para a cobertura das despesas decorrentes dos negócios da Cooperativa.

V — Prestar à Cooperativa esclarecimentos sobre as atividades que lhe facultaram se associar à Cooperativa.

VI — Zelar pelos patrimônios moral, físico e material da Cooperativa, mediante fiscalização e acompanhamento das atividades decorrentes dos negócios gerais com terceiros, fornecedores, concorrentes, instituições financiadoras e com o governo.

VII — O associado responde subsidiariamente pelos compromissos da Cooperativa até o valor do capital por ele subscrito.

Parágrafo único. A responsabilidade do associado como tal pelos compromissos assumidos com a Cooperativa em relação a terceiros, fornecedores e instituições financiadoras, perdura para os demitidos, eliminados ou excluídos, até que sejam aprovadas as contas do exercício em que se deu o desligamento, mas só poderá ser invocada depois de judicialmente exigida da Cooperativa.

Art. 7º No caso de falecimento do associado, as obrigações por ele contraídas com a Cooperativa e as oriundas de sua responsabilidade como associado em relação a terceiros, fornecedores e instituições financiadoras passam aos herdeiros, prescrevendo, porém, após passado um ano, a contar do dia da abertura da sucessão.

Parágrafo único. Os herdeiros dos associados falecidos têm direito ao capital realizado e demais créditos, nos termos da decisão judicial (formal da partilha e alvará), assegurando-se a eles o direito de ingresso na Cooperativa, desde que preencham as condições à admissão de associados regimentadas neste Estatuto.

Art. 8º A entrega da produção do associado à Cooperativa significa a outorga a esta de plenos poderes para a sua livre disposição, desde que dentro dos critérios de negociações gerais estabelecidos e aprovados em Assembléia Geral dos Sócios.

CAPÍTULO V

DA DEMISSÃO, ELIMINAÇÃO E EXCLUSÃO DOS ASSOCIADOS

Art. 9º A demissão do associado, que não pode ser negada, dar-se-á unicamente a seu pedido e será requerida ao presidente, sendo por este levada ao Conselho de Administração, em sua primeira reunião, e averbada no livro de matrícula, mediante termo assinado pelo presidente e autorização da Assembléia Geral dos Sócios.

Art. 10 A eliminação do associado, que será aplicada em virtude do não-cumprimento regimental deste Estatuto, será deliberada pelo Conselho de Administração, mediante decisão final da Assembléia Geral dos Sócios, depois de notificação ao infrator; os motivos que a determinarem deverão constar do livro de matrícula, assinado pelo presidente da Cooperativa.

Parágrafo único. Também poderá ocorrer a eliminação do associado nos casos em que:

a) divulgar informações relevantes, sigilosas ou inverídicas sobre a Cooperativa, cuja apuração e exposição na Assembléia Geral dos Sócios evidencie prejuízo às atividades e aos negócios sociais da Cooperativa;

b) vier a exercer qualquer atividade considerada prejudicial à Cooperativa ou que colida com o seu objeto social;
c) houver levado a Cooperativa à prática de atos judiciais para obter o cumprimento de obrigações por ele contraídas;
d) deixar de entregar sua produção à Cooperativa, sem exposição de motivos justificáveis ao Conselho de Administração e respectiva apreciação e decisão final da Assembléia Geral dos Sócios;
e) depois de notificado, voltar a infringir as disposições regimentais deste Estatuto.

Art. 11 A exclusão do associado poderá ocorrer:

a) por dissolução da pessoa jurídica;
b) por motivo de morte da pessoa física;
c) por incapacidade civil não suprida;
d) por não-atendimento dos requisitos estatutários de ingresso ou permanência na Cooperativa.

Art. 12 Em qualquer caso, na demissão, na eliminação ou na exclusão, o associado só terá direito à restituição do capital que integralizou monetariamente, acrescido das sobras que lhe tiverem sido registradas.

§1º A restituição de que trata este artigo só poderá ser exigida depois de aprovado, pela Assembléia Geral dos Sócios, o balanço do exercício em que o associado tenha sido desligado da Cooperativa.

§2º Os deveres dos associados perduram para os demitidos, eliminados ou excluídos, até que sejam aprovadas pela Assembléia Geral dos Sócios as contas do exercício em que o associado deixou de fazer parte da Cooperativa.

CAPÍTULO VI

DO CAPITAL SOCIAL

Art. 13 O capital da Cooperativa, representado pela quota-parte, é ilimitado quanto ao máximo, variando conforme o número de quotas-partes subscritas, não podendo ser inferior a R$............. (ver no final do capítulo 5 deste livro como calcular o *capital social*).

§1º O capital está dividido em quotas-partes de valor unitário igual ou inferior ao maior salário mínimo vigente no país, podendo o valor unitário da quota-parte ser fixo ou corrigido mensalmente pelo bônus do Tesouro Nacional ou por outros índices previstos em lei e que o substituam.

§2º A quota-parte é indivisível, intransferível a não-associados, não podendo ser negociada de modo algum, nem dada em garantia, sendo todo o seu movimento de subscrição, realização, transferência e restituição sempre escriturado no livro de matrícula.

§3º As quotas-partes, depois de integralizadas, poderão ser transferidas, total ou parcialmente, entre os associados, mediante escritura no livro de matrícula e termo que conterá as assinaturas do cedente e do presidente da Cooperativa, devendo o resultado das operações ser comunicado em Assembléia Geral dos Sócios.

§4º Para efeito de integralização das quotas-partes ou de aumento de capital social, poderá a Cooperativa receber bens, desde que avaliados previamente e após decisão final da Assembléia Geral dos Sócios.

§5º A critério da Assembléia Geral dos Sócios, o associado poderá pagar as quotas-partes à vista, de uma só vez, ou em parcelas iguais e sucessivas, independentemente de chamada, ou por meio de contribuições.

§6º A Cooperativa poderá atribuir ou não juros ao capital social, mediante acerto e decisão final da Assembléia Geral dos Sócios, desde que não ultrapasse 12%, conforme a Resolução CNC nº 18, de 13-12-1978.

Art. 14 O valor correspondente à correção monetária do capital social será creditado na conta de capital de cada associado, proporcionalmente ao capital por ele realizado, podendo ser transferido para a conta Reserva de Equalização, indivisível entre os associados, conforme os critérios discutidos e aprovados pela Assembléia Geral dos Sócios.

Art. 15 Ao ser admitido na Cooperativa, o cooperado deverá subscrever quotas-partes do capital social no valor equivalente a R$........... (...................) por movimento financeiro do cooperado, e/ou por volume de produtos a serem comercializados, beneficiados ou industrializados, sendo no mínimo R$.................. (....................) para cada associado; o valor da proporcionalidade deverá ser igual para todos os associados e não poderá ultrapassar 1/3 (um terço) do capital subscrito da Cooperativa, ficando a critério e decisão final da Assembléia Geral dos Sócios optar por outro sistema de proporcionalidade.

Art. 16 A Cooperativa reterá no mínimo 1% (um por cento) do movimento financeiro de cada cooperado, a fim de aumentar o capital social, não podendo ser incluído neste percentual o resultado de eventuais perdas e/ou prejuízos da Cooperativa, salvo quando submetido à discussão e à aprovação da Assembléia Geral dos Sócios.

Parágrafo único. O Conselho de Administração poderá rever o valor deste percentual, desde que expostos os motivos à Assembléia Geral dos Sócios e que esta, mediante discussão e votação, aprove o pleito.

CAPÍTULO VII

DA ASSEMBLÉIA GERAL DOS SÓCIOS

Art. 17 A Assembléia Geral dos Sócios, ordinária ou extraordinária, é o órgão supremo da Cooperativa e, dentro dos limites deste Estatuto, tomará toda e qualquer decisão de interesse da Cooperativa, decisão à qual se vinculam todos, ainda que ausentes ou discordantes.

Art. 18 A Assembléia Geral dos Sócios será convocada e dirigida pelo presidente da Cooperativa.

Parágrafo único. Poderá também ser convocada pelo Conselho Fiscal, por motivo grave e urgente, ou ainda pela metade mais um dos associados, em pleno gozo de seus direitos, após uma solicitação não atendida pelo Conselho de Administração ou pelo Conselho Fiscal.

Art. 19 Em quaisquer das hipóteses referidas no artigo anterior, a Assembléia Geral dos Sócios será convocada com uma antecedência mínima de 10 (dez) dias para a primeira reunião, de 1 (uma) hora para a segunda e de 1 (uma) hora para a terceira, excetuando-se o disposto no art. 28 deste Estatuto.

Parágrafo único. As três convocações poderão ser feitas num único edital, desde que dele constem, expressamente, os prazos para cada uma delas.

Art. 20 Não havendo quórum para a instalação da Assembléia convocada nos termos do artigo anterior, será feita nova convocação, com uma antecedência mínima de 10 (dez) dias.

Parágrafo único. Se ainda assim não houver quórum para a sua instalação, será admitida a intenção de dissolver a Cooperativa.

Art. 21 Toda convocação da Assembléia Geral dos Sócios deverá ser realizada, no mínimo, 10 (dez) dias antes da data prevista para a sua instalação, devendo constar, obrigatoriamente, do edital de convocação o item pertinente à reclamação dos associados, conforme foi recolhido da caixa de sugestões dos associados (documento, carta ou outros meios de comunicação), além dos itens:

a) a denominação da Cooperativa, seguida da expressão Convocação de Assembléia Geral Ordinária, ou Extraordinária, conforme o caso;
b) o dia e a hora da reunião, assim como o endereço do local em que será realizada, o qual, salvo motivo justificado, será sempre o da sede social;
c) a seqüência ordinal das convocações;
d) a ordem do dia dos trabalhos, com as devidas especificações;
e) o número de associados existentes na data da expedição da convocação, para efeito de cálculo do quórum de instalação;
f) a assinatura do responsável pela convocação.

§1º A convocação da Assembléia Geral dos Sócios pode se dar por solicitação dos próprios associados, que devem enviar a solicitação, por escrito, ao Conselho de Administração ou ao Conselho Fiscal. Quando o primeiro não atender à solicitação, a AGS pode ser convocada pelos sócios, desde que, no documento, constem as assinaturas de pelo menos a metade mais um dos associados interessados.

§2º Os editais de convocação serão afixados em locais visíveis das dependências mais freqüentadas pelos associados, publicados em jornal de maior circulação nas áreas de abrangência da cooperativa e transmitidos através de circulares aos associados.

§3º É da competência da Assembléia Geral dos Sócios destituir a direção, no Conselho de Administração, e os conselheiros do Conselho Fiscal, mediante a comprovação de irregularidades ou a insatisfação de pelo menos a metade mais um dos sócios inscritos na associação e com direito a voto.

§4º Ocorrendo destituição que possa comprometer a regularidade dos serviços de administração e fiscalização da Cooperativa, poderá a Assembléia Geral dos Sócios designar um grupo de associados para tais finalidades até a posse dos novos conselheiros, cuja eleição se efetuará no prazo máximo de 30 (trinta) dias.

Art. 22 O quórum para a instalação da Assembléia Geral dos Sócios, bem como para validar as decisões por ela tomadas, deverá ser de pelo menos a metade mais um do número de associados em condições de votar.

Parágrafo único. Para efeito de verificação do quórum de que trata este artigo, a contagem do número de associados presentes em cada convocação se fará por suas assinaturas, seguidas dos respectivos números de matrícula, apostas no livro de presença.

Art. 23 Os trabalhos da Assembléia Geral dos Sócios serão dirigidos pelo presidente, auxiliado pelo secretário da Cooperativa, sendo por aquele convidados a participar da Mesa os ocupantes dos cargos sociais presentes.

§1º Na ausência do secretário da Cooperativa e do seu substituto, o presidente convidará outro associado para secretariar os trabalhos e lavrar a respectiva Ata.

§2º Quando a Assembléia Geral dos Sócios não tiver sido convocada pelo presidente, os trabalhos serão dirigidos pelo associado escolhido na ocasião pelos principais interessados na convocação e secretariados por outro, convidado por aquele, para compor a Mesa.

Art. 24 Os ocupantes de cargos sociais, assim como quaisquer outros associados, não poderão votar decisões sobre assuntos que a eles se refiram de maneira direta ou indireta, entre os quais prestação de contas, mas não ficarão privados de participar dos respectivos debates.

Art. 25 Na Assembléia Geral dos Sócios em que for discutido o balanço das contas, o presidente da Cooperativa, logo após a leitura do relatório do Conselho de Administração, das peças contábeis e do parecer do Conselho Fiscal, solicitará ao plenário que indique um associado para coordenar os debates e a votação da matéria.

§1º Transmitida a direção dos trabalhos, o presidente, os diretores e os conselheiros fiscais deixarão a Mesa, permanecendo no recinto, à disposição da Assembléia Geral dos Sócios, para os esclarecimentos que lhes forem solicitados.

§2º O coordenador indicado escolherá, entre os associados, um secretário para auxiliá-lo na redação das decisões a serem incluídas na Ata pelo secretário da Assembléia Geral dos Sócios.

Art. 26 Antes de iniciar a ordem do dia, que constitui a pauta do edital de convocação, o presidente do Conselho de Administração dirigir-se-á à Assembléia Geral dos Sócios para levar a seu conhecimento possíveis assuntos do interesse dos associados, a fim de que sejam discutidos, analisados e incluídos na pauta, se assim decidir a maioria dos sócios presentes.

§1º O tipo de votação será decidido pela Assembléia Geral dos Sócios, podendo ser por voto aberto ou fechado.

§2º Tudo o que ocorrer na Assembléia Geral dos Sócios deverá constar de ata circunstanciada, lavrada no livro próprio, aprovada e assinada ao final dos trabalhos pelos diretores e conselheiros fiscais presentes, e por uma comissão de 10 (dez) associados designados pela Assembléia Geral dos Sócios, ou, ainda, por quantos o queiram fazer.

§3º As decisões da Assembléia Geral dos Sócios serão tomadas pela metade mais um dos associados presentes e com direito a voto, tendo cada associado direito a um só voto e sendo vedado o voto por procuração.

§4º Se comprovado erro, dolo, fraude ou simulação nas votações da Assembléia Geral dos Sócios, bem como constatado algum tipo de violação ao Estatuto Social da Cooperativa, as votações poderão ser anuladas a qualquer tempo, desde que impugnadas por escrito pela metade mais um dos associados em situação regular de voto, podendo-se inclusive exigir as punições previstas neste Estatuto Social para os envolvidos.

§5º É da competência única e exclusiva da Assembléia Geral dos Sócios alterar os objetivos de produção e comercialização entre os associados, ou a prestação de serviços aos tomadores de serviços da Cooperativa.

CAPÍTULO VIII

DA ASSEMBLÉIA GERAL ORDINÁRIA

Art. 27 A Assembléia Geral Ordinária realizar-se-á, obrigatoriamente, uma vez por ano, no decorrer dos 3 (três) primeiros meses após o encerramento do exercício social e discutirá, apreciará e, somente após esgotada ou solucionada toda e qualquer dúvida dos associados presentes, aprovará pelo voto da metade mais um dos sócios presentes as seguintes ordens do dia:

I — Prestação de contas dos órgãos da Administração, acompanhada do parecer do Conselho Fiscal, compreendendo:

a) relatório da gestão;

b) balanço;

c) demonstrativo das sobras apuradas ou das perdas decorrentes da insuficiência das contribuições para cobertura das despesas da Cooperativa.

II — Destinação das sobras apuradas, ou rateio das perdas decorrentes da insuficiência das contribuições para cobertura das despesas da Cooperativa, deduzindo-se, no primeiro caso, as parcelas para os fundos obrigatórios.

III — Eleição dos componentes do Conselho de Administração, quando for o caso, e do Conselho Fiscal.

IV — Fixação do valor dos honorários, do pró-labore ou das verbas de representação dos membros do Conselho de Administração, bem como do valor da cédula de presença, para os membros do Conselho Fiscal, pelo comparecimento às respectivas reuniões.

V — Quaisquer assuntos de interesse social, excluídos os enumerados no art. 29 deste Estatuto, desde que mencionados no respectivo edital.

VI — Nomeação de comissão de no mínimo 4 (quatro) associados, 1 (um) representante do Conselho Fiscal e outro do Comitê Educativo para rever, na primeira Assembléia Geral Extraordinária, item por item do Estatuto Social e propor mudanças e/ou adaptações, caso necessárias.

§1º Os assuntos de que tratam os itens I e II deste artigo deverão ser submetidos à discussão, à apreciação e à aprovação da Assembléia Geral Ordinária, devendo ser ainda apresentados por escrito e de forma que permita o fácil entendimento por parte dos associados, juntamente com a documentação comprobatória dos atos comerciais que envolvam associados e/ou terceiros, bem como remetidos em anexo ao edital de convocação pelo menos 15 (quinze) dias antes da reunião.

§2º São necessários os votos da metade mais um dos associados presentes para tornar válidas as decisões de que trata este artigo.

§3º Os membros da direção, no Conselho de Administração, e os conselheiros do Conselho Fiscal não poderão participar da votação das matérias referidas nos itens I e IV deste artigo.

§4º A aprovação do relatório, do balanço e das contas da direção, no Conselho de Administração, desonera seus ocupantes de responsabilidade, desde que não tenha havido erro, dolo, fraude ou simulação, bem como infrações regimentais deste Estatuto, enquanto perdurarem as atividades da Cooperativa.

CAPÍTULO IX

DA ASSEMBLÉIA GERAL EXTRAORDINÁRIA

Art. 28 A Assembléia Geral Extraordinária realizar-se-á sempre que necessário para decidir sobre qualquer assunto do interesse dos associados e da Cooperativa, desde que solicitada por escrito e que a solicitação seja encaminhada ao Conselho de Administração ou ao Conselho Fiscal. A reunião se dará com o consentimento ou não destes conselhos mediante as assinaturas da metade mais um dos sócios inscritos no livro de matrícula da Cooperativa, devendo constar do edital de convocação apenas os itens para as quais foi convocada.

Art. 29 Compete, exclusivamente, à Assembléia Geral Extraordinária:

I — Rever e propor melhorias no Estatuto Social da Cooperativa.

II — Decidir sobre fusão, incorporação ou desmembramento da Cooperativa.

III — Decidir sobre mudanças no objetivo da Cooperativa.

IV — Decidir sobre a dissolução voluntária da Cooperativa e a nomeação de liquidantes.

V — Decidir sobre as contas do liquidante.

VI — Discutir e propor melhorias com relação ao sistema de representação da classe dos cooperados junto às organizações das cooperativas estaduais (OCEs) e à Organização das Cooperativas Brasileiras (OCB).

VII — Realizar a primeira assembléia de constituição da Cooperativa, propor a criação do Comitê Educativo e eleger seus membros, conforme os critérios e a regulamentação para eleições gerais estabelecidas neste Estatuto Social, bem como responsabilizá-lo pela educação e pelo treinamento dos associados, principalmente em questões ligadas à representação da classe cooperativista.

VIII — Cobrar do Conselho Fiscal, anualmente e em caráter emergencial, a verificação e a checagem das decisões e ações da direção quanto ao que foi decidido pela Assembléia Geral dos Sócios e expresso em Ata, podendo inclusive destituir o Conselho Fiscal, caso fique constatada negligência em suas responsabilidades fiscais.

IX — Decidir sobre outros assuntos do interesse dos associados, desde que em documento escrito e entregue ao Conselho de Administração, contendo pelo menos a metade mais uma das assinaturas dos associados inscritos no livro de matrícula e que estejam efetivamente comercializando com a Cooperativa no ano em que se realizar a Assembléia Geral Extraordinária.

X — Discutir sobre a contratação de funcionários para a Cooperativa, levando em conta os motivos e/ou a existência dos trabalhos que geraram as solicitações de contratação pelo Conselho de Administração.

XI — Discutir e decidir sobre os valores salariais gerais propostos pelo Conselho de Administração.

XII — Discutir e exigir providências administrativas por parte da direção, no Conselho de Administração, sobre a melhoria do atendimento prestado pelos funcionários aos associados, mediante reclamação por escrito ou não.

XIII — Exigir do Conselho de Administração a implantação de um sistema administrativo capaz de atender ao associado pelo menos no mesmo dia em que este recorrer à direção para solicitar algum tipo de esclarecimento ou informação.

XIV — Questionar e/ou impedir qualquer decisão e/ou ação do Conselho de Administração ou do quadro gerencial, ou similar, caso estes ultrapassem os limites financeiros estabelecidos para o exercício de suas funções, conforme as regras estabelecidas no art. 33, §1º, inciso XVIII deste Estatuto.

XV — Discutir e aprovar critérios de comercialização, levando em conta preços, prazos, quantidades, qualidade, contratos e tudo o mais que diga respeito ao bom desempenho das transações entre associados e Cooperativa.

Parágrafo único. São necessários os votos da metade mais um dos associados presentes para tornar válidas as decisões de que trata este artigo.

CAPÍTULO X

DO CONSELHO DE ADMINISTRAÇÃO

Art. 30 A Cooperativa será administrada por um Conselho de Administração composto de 6 (seis) membros, todos associados e eleitos pela Assembléia Geral dos Sócios para um mandato de 4 (quatro) anos, sendo obrigatória, ao término do mandato, a renovação de no mínimo 1/3 (um terço) de seus componentes.

§1º Os membros do Conselho de Administração, cujo período de mandato se inicia com sua posse no órgão de administração, designarão entre si, em sua primeira reunião, os 3 (três) membros que exercerão as funções de presidente, diretor e secretário, cujas atribuições estão definidas neste Estatuto, para compor a diretoria deliberativa, atribuindo-se aos demais membros as funções de vogais.

§2º Não podem compor o Conselho de Administração parentes entre si, até o segundo grau, em linha reta ou colateral, afins e cônjuges.

§3º Os administradores, eleitos ou contratados, não serão pessoalmente responsáveis pelas obrigações que contraírem em nome da Cooperativa, mas responderão solidariamente pelos prejuízos resultantes de seus atos, se houver erro, dolo, fraude e simulação dos controles e respectivos resultados administrativos.

§4º A Cooperativa responderá pelos atos a que se refere o parágrafo anterior, se os houver ratificado ou deles logrado proveito.

§5º Os membros do Conselho de Administração que participarem de ato ou operação social em que se oculte a natureza da Cooperativa podem ser declarados pessoalmente responsáveis pelas obrigações em nome dela contraídas, sem prejuízo das sanções penais cabíveis.

Art. 31 São inelegíveis para o Conselho de Administração, além das pessoas impedidas pelos regimentos deste Estatuto, os condenados, ainda que temporariamente, a alguma pena, os que ocupam cargos públicos ou os que tenham cometido crime falimentar, de prevaricação, de suborno, de peculato e de concussão ou contra a economia popular, a fé pública ou a propriedade.

§1º O associado, mesmo ocupante de cargo eletivo da Cooperativa, que, em qualquer operação comercial ou produtiva, tiver interesse oposto ao desta não poderá participar das deliberações que sobre tais operações versarem, cumprindo-lhe acusar seu impedimento.

§2º Os ocupantes de cargos do Conselho de Administração e do Conselho Fiscal, assim como os liquidantes, equiparam-se aos administradores das sociedades anônimas para efeito de responsabilidade criminal.

§3º Sem prejuízo da ação que possa caber a qualquer cooperado, a Cooperativa, através de seus dirigentes, ou representada pelo associado em Assembléia Geral dos Sócios, terá direito de agir contra os administradores, para promover sua responsabilização.

Art. 32 O Conselho de Administração é regido pelas seguintes normas:

I — Reúne-se ordinariamente, uma vez por mês, e extraordinariamente, sempre que necessário, por convocação do presidente, da maioria do Conselho de Administração ou ainda por solicitação do Conselho Fiscal.

II — Delibera validamente com a maioria dos votos dos presentes, reservado ao presidente, além de seu voto, o exercício do voto de desempate.

III — As deliberações serão consignadas em atas circunstanciadas, lavradas em livro próprio, lidas, aprovadas e assinadas ao final dos trabalhos pelos membros do Conselho presentes.

IV — Nos impedimentos por prazos de até 90 (noventa) dias, o presidente será substituído pelo diretor.

V — O diretor e o secretário serão substituídos pelos vogais.

VI — Nos impedimentos, por prazo superior a 90 (noventa) dias, do presidente e do diretor ou do secretário, o Conselho de Administração indicará, dentre seus membros, elementos que os substituam.

VII — Se ficarem vagos, por qualquer tempo, mais da metade dos cargos do Conselho de Administração, deverá o presidente, ou os membros restantes, se a presidência estiver vaga, convocar a Assembléia Geral dos Sócios para o devido preenchimento dos referidos cargos.

VIII — Os escolhidos exercerão o mandato pelo prazo que restar aos seus antecessores.

IX — Perderá automaticamente o cargo o membro do Conselho que, sem justificativa, faltar a 3 (três) reuniões ordinárias consecutivas ou a 6 (seis) durante o ano.

Art. 33 Compete ao Conselho de Administração, dentro dos limites impostos por este Estatuto e atendidas as decisões da Assembléia Geral dos Sócios, providenciar o planejamento das atividades produtivas, comerciais e/ou de prestação de serviços da Cooperativa e formalizar todas as normas e/ou os critérios que regulem os trabalhos, sob a forma de políticas.

§1º No desempenho de suas funções, cabe ao Conselho de Administração as seguintes atribuições deliberativas e executivas:

I — Providenciar as operações e os serviços gerais da Cooperativa, aplicando os critérios de quantidade, qualidade, preços, prazos, taxas e encargos gerais, conforme discutidos, acertados e determinados pela Assembléia Geral dos Sócios.

II — Formalizar, por meio de instruções ou regulamentos, as sanções ou penalidades a serem aplicadas em casos de violação ou abuso cometido contra os regimentos deste Estatuto.

III — Aplicar as taxas destinadas a cobrir as despesas dos serviços gerais internos da Cooperativa, conforme os critérios e valores discutidos e determinados pela Assembléia Geral dos Sócios.

IV — Avaliar os recursos financeiros necessários ao atendimento das operações e serviços da Cooperativa e providenciar os meios e as fontes.

V — Providenciar as estimativas relacionadas à rentabilidade das operações gerais da Cooperativa, bem como sua viabilidade econômica.

VI — Providenciar o levantamento das despesas gerais de administração, formalizando-as em livros apropriados, e indicar as fontes de financiamento dos recursos para o orçamento anual.

VII — Providenciar a elaboração de normas para a contratação ou a demissão de empregados, bem como normas disciplinares.

VIII — Contratar ou demitir empregados para a Cooperativa.

IX — Avaliar a conveniência e fixar limites de fiança ou seguro para os empregados que manipulam dinheiro ou valores da Cooperativa.

X — Providenciar o desenho organizacional ou organograma da Cooperativa; a elaboração do manual organizacional, incluindo a missão, os objetivos, as metas e as políticas da Cooperativa; a elaboração do manual administrativo, incluindo os direitos e os deveres funcionais, as normas e os procedimentos para os trabalhos gerais da Cooperativa; a descrição de cargos; a formalização dos fluxos das comunicações e os mecanismos de controle das operações gerais e, anualmente, propor em Assembléia Geral Extraordinária a atualização do Estatuto Social da Cooperativa.

XI — Contratar, quando necessário, serviços técnico-operacionais ou administrativos especializados para o quadro funcional da Cooperativa ou para a prestação de serviços temporários.

XII — Indicar o(s) banco(s) nos quais devem ser feitos os depósitos do numerário disponível.

XIII — Deliberar sobre a admissão, a demissão, a eliminação ou a exclusão de associados.

XIV — Convocar assembléias ordinárias e extraordinárias, seguindo os critérios de convocação previstos neste Estatuto.

XV — Adquirir, alienar ou onerar bens imóveis da Cooperativa.

XVI — Contrair obrigações, transigir, ceder direitos e constituir mandatários.

XVII — Substituir, em casos de impedimento, falta ou renúncia, o presidente, o diretor ou o secretário da Cooperativa, designando, entre seus membros, outro para o cargo vago.

XVIII — Convocar uma Assembléia Geral Extraordinária sempre que o valor financeiro decorrente das atividades administrativas for superior ao limite de 30% do Fundo de Reserva da Cooperativa, bem como submeter todos os estudos realizados pelos profissionais contratados à discussão e à decisão final da Assembléia Geral Extraordinária.

XIX — Providenciar a elaboração do organograma da Cooperativa, em quadro amplo, de maneira que os associados percebam a autoridade funcional de cada órgão, conforme explicitado neste Estatuto, e expô-lo em local de grande movimento dos associados, devendo ainda atualizá-lo, anualmente, evidenciando os possíveis acréscimos ou a extinção de órgãos.

§2º Todas as incumbências da direção, no Conselho de Administração, previstas no §1º deste artigo, para efeito de validade deverão ser elaboradas sob a forma de proposta de trabalho e, antes de executadas, devem ser submetidas à discussão e à decisão final da Assembléia Geral Extraordinária.

Art. 34 Ao presidente competem as seguintes atribuições deliberativas e executivas:

I — Supervisionar as atividades gerais da Cooperativa.

II — Verificar freqüentemente o saldo do caixa da Cooperativa.

III — Assinar os cheques bancários, juntamente com outro conselheiro.

IV — Assinar, juntamente com o secretário ou um conselheiro designado pelo Conselho, contratos e demais documentos, inclusive títulos de crédito, constitutivos de obrigações.

V — Convocar e presidir as reuniões do Conselho de Administração, bem como a Assembléia Geral dos Sócios.

VI — Apresentar em Assembléia Geral Ordinária, em linguagem e/ou escrita de fácil entendimento para os associados:

a) relatório anual da gestão administrativa;

b) balanço e demonstrativo das contas de sobras e perdas, bem como o correspondente parecer do Conselho Fiscal.

VII — Representar ativa e passivamente a Cooperativa, em juízo ou fora dele.

VIII — Providenciar o plano anual de atividades da Cooperativa e submetê-lo à discussão e à aprovação da Assembléia Geral Ordinária.

IX — Exercer outras atribuições, quando necessárias, e mediante prévia e formal autorização do Conselho de Administração.

Art. 35 Ao diretor cabe interessar-se permanentemente pelos trabalhos do presidente, substituindo-o em seus impedimentos até 90 (noventa) dias, sem que seja necessário se configurar nesse caso o impedimento temporário deste último.

Parágrafo único. Exercer outras atribuições, quando necessárias, e mediante prévia e formal autorização do Conselho de Administração.

Art. 36 Ao secretário competem as seguintes obrigações:

I — Secretariar e lavrar as atas das reuniões do Conselho de Administração e da Assembléia Geral dos Sócios, responsabilizando-se pelos livros, documentos e arquivos referentes às atividades gerais da organização e à administração da Cooperativa.

II — Assinar, juntamente com o presidente ou com o diretor da Cooperativa, contratos e demais documentos, inclusive títulos de crédito, constitutivos de obrigações.

Parágrafo único. Exercer outras atribuições, quando necessárias, e mediante prévia e formal autorização do Conselho de Administração.

Art. 37 Aos conselheiros vogais sem funções deliberativas e executivas compete:

I — Comparecer às reuniões do Conselho de Administração, discutindo e votando a matéria apreciada.

II — Cumprir as tarefas específicas que lhes forem designadas pelo Conselho de Administração, no âmbito da administração da Cooperativa.

III — Substituir, quando designados, o presidente ou o diretor, desde que por prazo não superior a 90 (noventa) dias.

IV — Assinar, quando designados, juntamente com o presidente ou o diretor, cheques bancários e demais documentos, inclusive títulos de crédito, constitutivos de obrigações.

Parágrafo único. Exercer outras atribuições, quando necessárias, e mediante prévia e formal autorização do Conselho de Administração.

CAPÍTULO XI

DO CONSELHO FISCAL

Art. 38 A administração da Cooperativa será fiscalizada, assídua e minuciosamente, por um Conselho Fiscal constituído de 3 (três) membros efetivos e 3 (três) suplentes, todos associados e eleitos por um período de um ano, devendo ser eleito a cada ano, em Assembléia Geral Ordinária, um novo sócio para suceder um dos anteriores, sendo permitida apenas a reeleição de 1/3 (um terço) dos membros do Conselho.

§1º Não podem fazer parte do Conselho Fiscal, além dos considerados inelegíveis por este Estatuto, parentes dos membros do Conselho de Administração até o segundo grau em linha reta ou colateral, afins e cônjuges, bem como parentes entre si até esse grau, afins e cônjuges.

§2º O associado não pode exercer, cumulativamente, cargos no Conselho de Administração e no Conselho Fiscal.

§3º Para a formação do Conselho Fiscal elegem-se 6 (seis) sócios, dos quais se selecionam 3 (três) efetivos e 3 (três) suplentes, nomeando-se, entre os três efetivos, um coordenador. A seleção dos suplentes e dos efetivos, bem como a nomeação do coordenador serão feitas pelos próprios sócios eleitos, e a nomeação da chapa de associados para concorrer aos cargos do Conselho Fiscal se dará na Assembléia Geral dos Sócios.

Art. 39 O Conselho Fiscal reúne-se ordinariamente uma vez por mês e extraordinariamente sempre que necessário, com a participação de 3 (três) dos seus membros.

§1º Em sua primeira reunião, escolherá, dentre os seus membros efetivos, um coordenador, incumbido de convocar as reuniões e dirigir os trabalhos destas, e um secretário.

§2º As reuniões poderão ser convocadas ainda por qualquer dos membros do Conselho, por solicitação do Conselho de Administração, pela Assembléia Geral dos Sócios ou ainda pela metade mais um dos sócios em condições de votar na Cooperativa.

§3º Na ausência do coordenador, os trabalhos serão dirigidos pelo substituto escolhido na ocasião.

§4º As deliberações serão tomadas por maioria simples de voto e constarão em Ata, lavrada no livro próprio, lida, aprovada e assinada no final dos trabalhos, em cada reunião, pelos 3 (três) fiscais presentes.

§5º É obrigatório que os novos conselheiros eleitos continuem os trabalhos de fiscalização iniciados por seus antecessores até que os fatos sejam totalmente elucidados e apresentados na primeira Assembléia Geral Extraordinária, sob pena de perderem o cargo e sofrerem as punições legais previstas neste Estatuto.

§6º O Conselho Fiscal obriga-se a apresentar suas contas, com possíveis auditorias contratadas externamente, prestar esclarecimentos sobre suas despesas e expor motivos por escrito, na primeira Assembléia Geral dos Sócios, logo após a conclusão dos trabalhos de auditoria.

Art. 40 Havendo 2 (duas) ou mais vagas no Conselho Fiscal, o Conselho de Administração, ou o restante dos seus membros, convocará a Assembléia Geral dos Sócios para o devido preenchimento dos cargos.

Art. 41 Compete ao Conselho Fiscal exercer assídua fiscalização nas operações gerais, nas atividades e nos serviços da Cooperativa, conforme as seguintes atribuições:

I — Conferir, mensalmente, o saldo numerário existente em caixa, verificando também se este se encontra dentro dos limites estabelecidos pelo Conselho de Administração.

II — Verificar se os extratos de contas bancárias conferem com a escrituração da Cooperativa.

III — Examinar se os montantes das despesas e inversões realizadas estão em conformidade com os planos e as decisões do Conselho de Administração.

IV — Verificar se as operações realizadas e os serviços prestados aos associados correspondem em volume, quantidade, qualidade, prazos e preços, aos critérios discutidos e aprovados na Assembléia Geral dos Sócios.

V — Certificar-se de que o Conselho de Administração vem se reunindo regularmente e verificar se existem cargos vagos em sua composição.

VI — Averiguar se existem reclamações dos associados quanto à qualidade dos serviços prestados.

VII — Examinar os balancetes e outros demonstrativos mensais, o balanço e o relatório anual do Conselho de Administração, contratando, se necessário, os serviços de auditorias externas para os respectivos pareceres técnicos e especializados.

VIII — Dar conhecimento ao Conselho de Administração das conclusões dos trabalhos, chamando a atenção para eventuais irregularidades, ou convocar a Assembléia Geral dos Sócios em casos graves e urgentes.

IX — Verificar todas as atas da Cooperativa e checar se as decisões e as ações da direção, no Conselho de Administração, seguem o que foi decidido pela Assembléia Geral dos Sócios, bem como alertar e sugerir à Assembléia Geral dos Sócios punições para os responsáveis por eventuais desvios constatados, principalmente com relação ao expresso e documentado.

X — Apurar toda e qualquer denúncia sobre possíveis irregularidades na constituição do capital social da Cooperativa e, mediante constatação, punir os responsáveis conforme as penas previstas neste Estatuto.

XI — Verificar os critérios empregados para o rateio das despesas gerais da Cooperativa e para a constituição ou a correção do capital social e dos fundos da Cooperativa, e apontar possíveis irregularidades, principalmente com relação à discriminação de associado, sobretudo no que se refere a valores percentuais cobrados.

XII — Verificar, sistematicamente, se o Conselho de Administração está cumprindo os limites estabelecidos para o exercício de sua função, conforme o estipulado no inciso XVIII, §1º, do art. 33 deste Estatuto, bem como o quadro gerencial e correlatos, conforme os critérios estabelecidos pela Assembléia Geral dos Sócios.

Parágrafo único. Para os exames e a verificação dos livros, contas e documentos necessários ao cumprimento das atribuições do Conselho Fiscal, as despesas com a contratação externa de eventuais auditorias correrão por conta da Cooperativa, tendo o Conselho Fiscal acesso direto aos recursos financeiros, conforme os limites estabelecidos pela Assembléia Geral dos Sócios, e devendo, ao término dos trabalhos de fiscalização, apresentar as contas, com essas despesas e respectivos recibos, na primeira Assembléia Geral Ordinária para tratar da auditoria realizada.

CAPÍTULO XII

DO PROCESSO ELEITORAL

Art. 42 As eleições para os cargos do Conselho de Administração e do Conselho Fiscal realizar-se-ão em Assembléia Geral Ordinária.

Art. 43 A votação será secreta, podendo-se, em caso de inscrição de uma única chapa, optar pelo sistema de aclamação.

Art. 44 Só poderão concorrer às eleições candidatos que integrem chapa completa.

Parágrafo único. A chapa inscrita para o Conselho de Administração poderá ser diversa da inscrita para o Conselho Fiscal, especificados os conselhos com a respectiva relação dos candidatos, quando a chapa for conjunta.

Art. 45 O edital de convocação dos associados para a Assembléia Geral Ordinária em que se realizar a eleição dos membros do Conselho de Administração será publicado com uma antecedência mínima de 30 (trinta) dias, e as circulares expedidas a partir da data da publicação.

Art. 46 As inscrições das chapas concorrentes ao Conselho de Administração far-se-ão no período compreendido entre a data da publicação do edital de convocação para a Assembléia Geral dos Sócios e até 10 (dez) dias antes de sua realização.

Parágrafo único. As inscrições das chapas concorrentes ao Conselho Fiscal, quando não ocorrer eleição para o Conselho de Administração ou quando diversa das compostas para o Conselho de Administração, serão feitas até 2 (dois) dias antes da realização da respectiva Assembléia Geral dos Sócios.

Art. 47 As chapas concorrentes aos cargos do Conselho de Administração e do Conselho Fiscal, além de uma denominação, deverão apresentar:

a) relação nominal dos concorrentes, com o respectivo número de inscrição constante no livro de matrícula da Cooperativa;

b) autorização por escrito de cada candidato para a sua inscrição;

c) indicação de 2 (dois) fiscais para acompanharem a votação e a apuração, os quais estarão impedidos de concorrer a cargos na respectiva eleição.

Parágrafo único. Os candidatos aos cargos tanto do Conselho de Administração quanto do Conselho Fiscal devem, individualmente, apresentar, para fins de registro da chapa que integram, os seguintes documentos:

a) declaração de bens;

b) declaração de elegibilidade, conforme o art. 51, *caput*, da Lei nº 5.764/71;

c) declaração de não estarem incursos no disposto no art. 51, §1º, e no art. 56 da Lei nº 5.764/71;

d) certidão do cartório de protesto onde tenham residido nos últimos 5 (cinco) anos.

Art. 48 Formalizado o registro, não será admitida substituição de candidato, salvo em caso de morte ou invalidez comprovada até o momento da instalação da Assembléia Geral dos Sócios.

Art. 49 Sendo secreta a votação, adotar-se-á cédula única, na qual devem constar os nomes das chapas e a relação nominal dos candidatos.

Parágrafo único. Havendo chapa concorrente ao Conselho Fiscal diversa da composta para o Conselho de Administração, as cédulas daquelas serão separadas destas.

CAPÍTULO XIII

DOS FUNDOS, BALANÇO, DESPESAS, SOBRAS E PERDAS

Art. 50 A Cooperativa é obrigada a constituir:

I — O Fundo de Reserva, destinado a reparar perdas e atender ao desenvolvimento de suas atividades, constituído de 10% (dez por cento) das sobras líquidas do exercício.

II — O Fundo de Assistência Técnica, Educacional e Social, destinado a prestar assistência aos associados, seus familiares e aos empregados da Cooperativa, constituído de 5% (cinco por cento) das sobras líquidas apuradas no exercício.

Parágrafo único. Os serviços de assistência técnica, educacional e social a serem atendidos pelo respectivo fundo poderão ser executados mediante convênios com entidades especializadas ou não.

Art. 51 Além da taxa de 10% (dez por cento) das sobras líquidas apuradas no balanço do exercício, revertem em favor do Fundo de Reserva:

I — Os créditos não reclamados, decorridos 5 (cinco) anos.

II — Os auxílios e doações sem destinação especial.

Art. 52 O balanço geral, incluindo o confronto de receitas e despesas, será levantado no dia 31 do mês de dezembro de cada ano.

Parágrafo único. Os resultados serão apurados separadamente, segundo a natureza das operações ou serviços.

Art. 53 As despesas da Cooperativa serão cobertas pelos associados mediante rateio, na proporção direta da fruição dos serviços.

Art. 54 As sobras líquidas apuradas no exercício, depois de deduzidas as taxas para os fundos indivisíveis, serão rateadas entre os associados, em partes diretamente proporcionais às operações realizadas com a Cooperativa no período, salvo decisão contrária da Assembléia Geral dos Sócios.

Art. 55 Os prejuízos de cada exercício, apurados em balanço, serão cobertos com recursos do Fundo de Reserva.

Parágrafo único. Quando o Fundo de Reserva for insuficiente para cobrir os prejuízos operacionais referidos neste artigo, estes serão rateados entre os associados, na razão direta das operações realizadas com a Cooperativa.

CAPÍTULO XIV

DOS LIVROS

Art. 56 A Cooperativa deverá dispor dos seguintes documentos e livros:

I — Livro de Matrícula.

II — Atas das reuniões da Assembléia Geral dos Sócios.

III — Atas do Conselho de Administração.

IV — Atas do Conselho Fiscal.

V — Lista de presença dos associados na Assembléia Geral dos Sócios.

VI — Registro de inscrição de chapas.

VII — Livros fiscais e contábeis exigidos por lei para os negócios gerais.

Parágrafo único. É facultada a adoção de livros com folhas soltas ou fichas, inclusive emitidas por processamento eletrônico de dados.

Art. 57 No livro de matrícula, os associados serão inscritos por ordem cronológica de admissão, devendo constar:

I — Nome, idade, estado civil, nacionalidade, profissão e residência do associado.

II — A data de sua admissão e, quando for o caso, de sua demissão, eliminação ou exclusão.

III — A conta corrente das respectivas quotas-partes do capital social.

CAPÍTULO XV

DA DISSOLUÇÃO E LIQUIDAÇÃO

Art. 58 A Cooperativa poderá ser dissolvida voluntariamente:

I — Por decisão final da Assembléia Geral Extraordinária, especialmente convocada para este fim, desde que pelo menos 20 (vinte) sócios não se disponham à sua continuidade.

II — Pela redução do capital social mínimo e se este, até a Assembléia Geral dos Sócios subseqüente, realizada em prazo não inferior a 6 (seis) meses, não for restabelecido.

Art. 59 Quando a dissolução for deliberada pela Assembléia Geral Extraordinária, esta nomeará um liquidante, ou mais, e um Conselho Fiscal composto de 3 (três) membros para procederem à liquidação da Cooperativa.

Parágrafo único. A Assembléia Geral Extraordinária, nos limites de suas atribuições, poderá, em qualquer época, destituir os liquidantes e os membros do Conselho Fiscal, designando seus substitutos.

Art. 60 Os liquidantes devem ser investidos de todos os poderes usuais de administração necessários ao processo de liquidação, conforme as leis pertinentes e em vigor.

CAPÍTULO XVI

DO COMITÊ EDUCATIVO

Art. 61 A partir do primeiro ano de funcionamento da Cooperativa, esta deverá, em Assembléia Geral Ordinária, propor a criação de um Comitê Educativo composto por associados eleitos em Assembléia Geral Extraordinária e por técnicos ou especialistas na área de educação contratados junto a organizações não-governamentais ou universidades públicas e privadas ligadas às questões do cooperativismo.

Parágrafo único. O Comitê Educativo da Cooperativa será formado por associados, eleitos em Assembléia Geral dos Sócios, seguindo os mesmos critérios da eleição do Conselho de Administração, expressos no Capítulo XII, do processo eleitoral, deste Estatuto.

Art. 62 O mandato dos membros do Comitê Educativo, assim como as formas de remunerar seus integrantes serão determinados pela Assembléia Geral dos Sócios.

Art. 63 O Comitê Educativo trabalhará em conjunto com o Conselho de Administração e o Conselho Fiscal, mas responderá por seus atos gerais somente à Assembléia Geral dos Sócios.

§1º O Comitê Educativo, dentro de suas funções, deverá instruir todos os pretendentes a ingressar na Cooperativa, principalmente com relação aos seus direitos e deveres, logo após seu ingresso no quadro de associados, conforme previsto nos itens deste Estatuto, bem como explicar, tirar dúvidas e submeter o candidato a uma avaliação oral sobre interpretação e prática do Estatuto Social, como condição para que este se efetive na associação.

§2º O Comite Educativo será subsidiado pelo Fundo de Assistência Técnica, Educacional e Social da Cooperativa, devendo seus integrantes apresentar exposição de motivos e/ou demonstrativos das aplicações de recursos sob a forma de proposta de trabalho, envolvendo exclusivamente temas de educação, treinamento e informação dos associados, dirigentes, empregados e, em especial, dos filhos dos associados. O conteúdo da proposta deverá ser submetida à apreciação e à aprovação de Assembléia Geral Extraordinária, mediante encaminhamento da direção, no Conselho de Administração.

§3º No Comitê Educativo, a decisão final sobre o conteúdo das propostas de trabalho com relação a educação, treinamento e informação será da competência única e exclusiva dos associados eleitos para este Comitê.

§4º O Comitê Educativo deverá, obrigatoriamente, colocar uma caixa de sugestões nas dependências da Cooperativa, em local de fácil acesso a todos os associados, com avisos escritos e bem claros, solicitando opiniões sobre os serviços gerais prestados pela Cooperativa e sobre os trabalhos de educação, treinamento e informação; recolher todas as informações escritas; registrar em Ata o conteúdo, o nome do associado e a data do documento; e apresentar, expondo tanto o motivo da solicitação, da reclamação e/ou da opinião, quanto a proposta de solução na primeira Assembléia Geral Extraordinária, a contar da data em que se procederam os recolhimentos da caixa de sugestões.

§5º O Comitê Educativo deverá recolher, impreterivelmente, o conteúdo da caixa de sugestões diariamente.

§6º O Comitê Educativo deverá submeter ao Conselho de Administração e/ou ao Conselho Fiscal qualquer solicitação, reclamação e/ou opinião dos associados, recolhidas na caixa de sugestões, e, conforme o assunto, exigir providências dentro das competências dos referidos conselhos ou, então, encaminhar o assunto à primeira Assembléia Geral dos Sócios.

§7º A forma de remuneração dos membros do Comitê Educativo, bem como a estipulação dos respectivos valores serão decididos pela Assembléia Geral dos Sócios.

§8º Cabe ao Comitê Educativo informar, educar e ensinar a todos os associados da Cooperativa o significado do organograma, considerando as funções de cada órgão da Cooperativa, bem como a autoridade cabível a cada um, conforme as regulamentações explicitadas neste Estatuto.

CAPÍTULO XVII

DAS DISPOSIÇÕES GERAIS E TRANSITÓRIAS

Art. 64 Os fundos referidos nos incisos I e II do art. 50 deste Estatuto são indivisíveis entre os associados, mesmo no caso de liquidação da Cooperativa.

Art. 65 Os casos omissos serão resolvidos de acordo com as fontes e os princípios gerais do direito, sem prejuízo do espírito da sociedade cooperativista, e sob a apreciação, discussão e decisão finais da Assembléia Geral dos Sócios.

Art. 66 Qualquer mudança na forma ou na qualidade do conteúdo regimental deste Estatuto só poderá ocorrer em Assembléia Geral dos Sócios, sendo o quórum mínimo metade mais um dos associados com direito a voto.

Modelo de edital de convocação da Assembléia Geral dos Sócios

Os abaixo assinados, membros da Comissão de Organização designada pelos (por exemplo, *profissionais sapateiros*), convidam os interessados a se reunirem no dia.......de............de............., às..........horas, na cidade de..................., à rua..., para discutirem e, mediante os votos da metade mais um dos associados com direito a voto, decidirem sobre os seguintes assuntos:

a) refazer (*no caso de cooperativa em funcionamento*) ou aprovar (*no caso de cooperativa nova*) o Estatuto Social;

b) discutir sobre o processo eleitoral, considerando-se a lisura do mesmo, e eleger a chapa vencedora, dando posse aos membros do Conselho de Administração, conforme os cargos disponíveis;

c) discutir sobre o processo eleitoral, considerando-se a lisura do mesmo, e eleger a chapa vencedora, dando posse aos membros do Conselho Fiscal, conforme os cargos disponíveis;

d) verificar as condições econômicas da cooperativa e discutir sobre as disponibilidades para fixar os valores dos honorários para os cargos efetivos da direção da cooperativa, bem como a cédula de presença para os membros efetivos do Conselho Fiscal.

Comissão de Organização:

as.: ....,

as.: ....,

as.: ....

Modelo de Ata da Assembléia Geral dos Sócios

....

PRESIDENTE

ATA DA ASSEMBLÉIA GERAL DE CONSTITUIÇÃO DA COOPERATIVA (por exemplo: *COOPERATIVA DE VENDEDORES AMBULANTES DO ESTADO DE SÃO PAULO*), realizada aos .... dias do mês de ....do ano de ...., nesta cidade de ...., município de ...., comarca de ...., do estado de ....

Às .... horas, do dia ......de.................de.........., à rua ...., nº ...., reuniram-se, em Assembléia Geral dos Sócios, para o fim específico de constituir uma Sociedade Cooperativa, nos termos da Lei nº 5764, de 16 de dezembro de 1971, os seguintes senhores: (*nome completo de todos, com todos os itens a seguir discriminados*), nacionalidade: ...., naturalidade: ...., estado civil: ...., profissão:........................, RG nº ...., CPF nº ...., residentes e domiciliados na rua ...., nº .... Foi aclamado para presidir a Assembléia, o senhor.., nacionalidade: ...., naturalidade: ...., estado civil: ...., profissão: ...., RG nº ...., CPF nº ...., residente e domiciliado na rua ...., nº ...., que assumiu a Presidência, convidando o senhor .... (*repetir os dados completos*) para secretariar os trabalhos da sessão e redigir a respectiva Ata, ficando assim constituída a Mesa. Em seqüência, o senhor presidente, iniciando os trabalhos da Assembléia, declarou que sua finalidade era a de constituir uma Sociedade Cooperativa para a produção e/ou comercialização e/ou prestação de serviços (*no caso da Cooperativa de Coletores de Artefatos Usados: comercialização de papelão e vasilhames em geral; no caso da Cooperativa de Sapateiros: produção, comercialização e venda de calçados*), bem como deliberar (*decidir após discussão*) sobre o seu Estatuto Social, que, se aprovado, passará a reger a vida da sociedade. Em seguida, o senhor presidente solicitou que o projeto do Estatuto da sociedade, cujas cópias foram distribuídas previamente para exame a cada um dos presentes, fosse lido, explicado e debatido, o que foi feito artigo por artigo. Terminada a leitura e a análise, foi o mesmo posto em discussão, e como ninguém se manifestasse e não houvesse objeção sobre qualquer de seus dispositivos, foi o respectivo Estatuto submetido a votação, sendo aprovado por unanimidade pelas pessoas presentes, equivalendo esta deliberação a uma declaração expressa da vontade livre de cada pessoa de constituir uma cooperativa. O senhor presidente, então, após consultar a Assembléia, declarou definitivamente constituída, a partir desta data, a COOPERATIVA .... (por exemplo: *COOPERATIVA DE VENDEDORES AMBULANTES DO ESTADO DE SÃO PAULO*), com sede na cidade de ...., no estado de ...., tendo por missão (*transcrever a missão, conforme o art. 2º do modelo de Estatuto Social*) e por objetivos (*transcrever os objetivos, conforme o art. 3º do modelo de Estatuto Social*), sendo seus fundadores os associados anteriormente discriminados e qualificados no corpo da presente Ata, os quais ora subscrevem quotas-partes de capital, como se segue e de conformidade com a respectiva lista nominativa, que fica fazendo parte integrante deste Ato Constitutivo: (por exemplo: *Manoel da Silva, 10 (dez) quotas-partes, no valor mínimo de R$*.............), totalizando .... (.......................................) quotas-partes e R$ (..........................). Em seguida, o senhor presidente convidou os presentes a procederem à eleição para compor os órgãos de administração e de fiscalização da Sociedade, tendo sido eleitos membros do Conselho de Administração os senhores: (*nome completo de todos, com todos os itens a seguir discriminados*) nacionalidade: ...., naturalidade: ...., estado civil: ...., profissão: ...., RG nº ...., CPF nº ...., residentes e domiciliados na rua ...., todos com mandato até ....de................de..............; e eleitos membros do Conselho Fiscal, na qualidade de efetivos, os senhores: ...., ..., ... e, na qualidade de suplentes, os senhores: ...., ..., ..., todos com mandato até ....de................de............. Em seguida, o senhor presidente da Assembléia declarou os eleitos empossados em seus respectivos cargos, convidando a assumir a direção dos trabalhos um dos membros do Conselho de Administração por aquele órgão indicado, tendo sido designado o senhor ...., o qual, usando da palavra, agradeceu a colaboração do antecessor nessa tarefa, passando assim a conduzir os trabalhos da Assembléia. Em prosseguimento, o senhor presidente solicitou ao plenário que determinasse o valor do pró-labore e da cédula de presença dos membros eleitos do Conselho de Administração e do Conselho Fiscal da Sociedade, respectivamente. Após debatido o assunto, foi aprovada dotação global anual no valor de R$......................... (...) para a remuneração dos membros do Conselho de Administração, cabendo a eles a distribuição entre si deste valor, conforme suas respectivas atribuições, e no valor de R$........................ (...), como cédula de presença para os membros do Conselho Fiscal. Como nada mais houvesse a tratar, o senhor presidente declarou encerrados os trabalhos da Assembléia de Constituição, do que, para constar, eu, ..., secretário, lavrei a presente Ata, que, lida, votada e aprovada, vai assinada pela Mesa e por todos os associados.

...........de..................de.............

as.: ....

PRESIDENTE

as.: ....

as.: ....

(*assinaturas dos fundadores da cooperativa*)

O presente Ato Constitutivo está no livro de atas, sendo as assinaturas do próprio punho.

....

PRESIDENTE

COLEÇÃO FGV PRÁTICA

(Títulos já publicados)

Como Fazer Monografia na Prática (6ª ed. rev. ampl.)
Takeshy Tachizawa e Gildásio Mendes
140p.

Economia em Compras
Vicente Lentini Plantullo
172p.

Gestão de Instituições de Ensino (3ª edição)
Takeshy Tachizawa e Rui Otávio B. de Andrade
280p.

Gestão de ONGs — Principais Funções Gerenciais (6ª edição)
Fernando G. Tenório (org.)
140p.

Gestão Social: Metodologia e Casos (3ª edição)
Fernando G. Tenório (coord.)
100p.

Introdução à Avaliação de Programas Sociais
Ignacio Cano
120p.

Introdução à Auditoria Operacional
Inaldo da Paixão Santos Araújo
140p.

Manual de ONGs — guia prático de orientação jurídica (3ª edição)
Maria Nazaré Lins Barbosa e Carolina Felippe de Oliveira
180p.

Novas Experiências de Gestão Pública e Cidadania (2ª edição)
Marta Ferreira S. Farah e Helio Batista Barboza (orgs.)
296p.

Parcerias e Pobreza: Soluções Locais na Implementação de Políticas Sociais
Ilka Camarotti e Peter Spink (orgs.)
156p.

Redução da Pobreza e Dinâmicas Locais (2ª edição)
Ilka Camarotti e Peter Spink (orgs.)
328p.

Sistemas Eleitorais: uma Introdução (3ª edição)
Jairo Marconi Nicolau
80p.
